ZU DIESEM BUCH

Friedrich Theodor Cohn ist Sohn einer gebildeten
jüdisch-deutschen Familie und Teilhaber im Verlag
Friedrich Fontanes, wo er auf die angehende Autorin
Clara Viebig trifft. Trotz anfänglicher Vorbehalte seitens Claras Mutter – eine jüdisch-christliche Ehe ist
zu dieser Zeit keine Selbstverständlichkeit – heiraten
die beiden 1896. Mit Cohns Unterstützung entwickelt
sich die Chronistin der kleinen Leute, die «deutsche
Zola», zur Bestsellerautorin. Carola Stern erzählt von
Fritz und Clara, von den politischen und amourösen
Affären ihres Sohnes Ernst und von ihrem Freundes-
kreis, zu dem Rudolf Steiner gehörte. Es entsteht ein
atmosphärisch dichtes Porträt des kulturellen Lebens
in Berlin in einer Zeit des Umbruchs.

DIE AUTORIN

Carola Stern war eine der bedeutendsten Publizistin-
nen der Bundesrepublik. Die ehemalige Lektorin und
WDR-Redakteurin veröffentlichte zahlreiche Bücher,
unter anderem die sehr erfolgreiche Doppelbiographie
«Auf den Wassern des Lebens. Gustaf Gründgens
und Marianne Hoppe» und ihre Autobiographien «In
den Netzen der Erinnerung» und «Doppelleben». Sie
hat bis zu ihrem Tod im Januar 2006 an ihrem letzten
Buch gearbeitet. Letzte Ergänzungen und Überarbei-
tungen stammen von Ingke Brodersen, Carola Sterns
langjähriger Lektorin und Freundin.

Carola Stern

MIT INGKE BRODERSEN

Kommen Sie, Cohn!

Friedrich Cohn und Clara Viebig

Rowohlt Taschenbuch Verlag

Veröffentlicht im Rowohlt Taschenbuch Verlag,
Reinbek bei Hamburg, März 2008
Copyright © 2006 by Verlag Kiepenheuer & Witsch, Köln
Umschlaggestaltung ZERO Werbeagentur, München
(Foto: ullstein bild/Nicola Perscheid)
Satz Pinkuin Satz und Datentechnik, Berlin
Druck und Bindung Druckerei C.H. Beck, Nördlingen
Printed in Germany
ISBN 978 3 499 62296 0

Inhalt

Adieu

VON INGKE BRODERSEN

Carola Stern, die Autorin dieses Buches, ist tot. Sie starb am 19. Januar 2006. Den größeren Teil dieses Textes hat sie geschrieben, bevor sie – in den letzten Jahren ihres Lebens zum wiederholten Mal – ins Krankenhaus musste.

Das Berlin der Jahrhundertwende ist eine der Bühnen, auf denen die Geschichte dieses Buches spielt. Im wilhelminischen Kaiserreich sprießen viele neue Verlage aus dem Boden, und in ihnen entsteht ein neuer Berufszweig: der Lektor. Ich war Carola Sterns Lektorin, als wir uns vor über zwanzig Jahren bei der Arbeit an dem ersten Teil ihrer Autobiographie »In den Netzen der Erinnerung« kennen lernten; später war ich ihre Verlegerin und Freundin.

Gleich zu Anfang unserer Zusammenarbeit ließ sie mich wissen, dass wir vielleicht doch nicht das ideale Gespann von Autorin und Lektorin sein würden. Meine Reaktion auf ihr Manuskript hatte zu lange auf sich warten lassen. Sie war ungeduldig, wollte wissen, woran sie war, denn sie hatte Pläne für eine ganze Reihe von Büchern. Biographien von Frauen, die sie bewunderte, wollte sie schreiben. Als ich sie fragte, warum sie sich gleich so viel vorgenommen hatte, gab sie mir eine Antwort, die ich erst später begriff: »Ich will endlich lernen, ich zu sagen.«

Die Auskunft verblüffte mich, schließlich war sie zu der Zeit eine öffentlich bekannte und geschätzte Journalistin, Rundfunk- und Fernsehkommentatorin und oft Teilnehmerin der internationalen Journalistenrunde in Werner Höfers Frühschoppen am Sonntagmorgen – häufig genug die einzige Frau unter lauter Männern, die zudem wenig Scheu kannte, ihre Meinung zu vertreten, auch wenn sie damit gegen die ganze Runde stand. Für überraschende Wendungen einer Diskussion war sie immer gut, sehr oft bestimmte sie den Verlauf. Wieso sollte ausgerechnet jemand wie sie lernen wollen, »ich« zu sagen?

Für Carola zog sich ein tiefer Bruch durch ihr Leben, ein Bruch, der ein Davor und ein Danach markierte. Selbst ihre »besten Jahre«, als sie eine viel gehörte Stimme war, die mit ihrem Engagement für die Ost- und Friedenspolitik, für Menschenrechtsfragen und die Gleichberechtigung von Frauen, die Entschädigung von Zwangsarbeitern und für die deutsche Sektion von amnesty international das zivile Grundmuster dieser Republik entscheidend mitgestaltet hat – selbst diese besten Jahre haben den Bruch nie ganz kitten oder gar heilen können. Und so steht die Frage »Wer bin ich?« auch noch am Anfang ihrer zweiten vor einigen Jahren erschienenen Autobiographie »Doppelleben«. Eine ziemlich ungewöhnliche Frage für eine Frau, die auf eine 75-jährige Lebensgeschichte zurückblickte. Der Titel lässt erkennen, dass es für sie nie eine selbstverständliche Antwort darauf gab.

Als Autorin war Carola Stern ein seltener Glücksfall – in ihren Biographien stellte sie eine Bühne auf, suchte sich ihr Ensemble zusammen, baute Kulissen und besorgte Requisiten, sie war eine gute Dramaturgin, die den kleinen Fragen des Alltags im Leben ihrer Heldinnen und Helden mit der gleichen Akribie nachging wie den großen politischen Fragen der Zeit. Und immer erfuhr man in ihren Büchern auch etwas über die Biographin selbst; wenn sie an Rahel Varnhagen monierte, allzu beflissen auf Zustimmung anderer aus zu sein, dann scheute sie sich nicht zu erwähnen, dass sie diese Schwäche teilte.

Ihre Suche nach dem Ich, das nie wieder mitläuft, sondern aufsteht, das sich nicht mehr in Reih und Glied stellt, sondern hervortritt, sich einmischt, protestiert, kritisiert und sich solidarisiert, hat sie als ihre Lebensaufgabe gesehen – persönlich und politisch.

Fortan liebte sie in den Biographien besonders jene Figuren, die aufbegehrten – so wie es Dorothea Schlegel gegen die konventionelle Frauenrolle oder Rahel Varnhagen gegen den »Judenschmerz« tat. In diesem Buch war es der Autor Arnim T. Wegner, der ihr Herz eroberte – ein Abenteurer, der die Welt mit Zelt und Faltboot durchwanderte, zu den Abendeinladungen seines Verlegers Friedrich Theodor Cohn in der Königstraße 3 in Berlin-Zehlendorf auf dem feuerroten Sitz seines Motorrads vorfuhr, ein großer Mann mit nachtblauen Augen und einem ungestümen Temperament. Beim amerikanischen Präsidenten protestierte er gegen die Untätigkeit der Weltöffentlichkeit bei der Ermordung der Armenier durch die Türken im Ersten Weltkrieg, beim »Führer« beschwerte er sich über die Boykottaktionen gegen die deutschen Juden; er begründete den Bund der Kriegsdienstgegner mit und riskierte immer wieder seinen Arbeitsplatz, Leib und

Leben, um sich für andere einzusetzen. Ein Rebell, ein Empörer, von der literarischen und politischen Öffentlichkeit der Bundesrepublik nahezu vergessen, von Carola aber überaus bewundert. Das war so einer, der heraustrat aus dem verordneten Marsch in Reih und Glied!

Für Friedrich Theodor Cohn, der in dieser Familiengeschichte eine der Hauptrollen spielt, hat sie eher zärtliche Fürsorge empfunden. Ein deutscher Jude, der seinen erlernten Beruf des Kaufmanns nach wenigen Jahren aufgab, um in die Welt der Bücher einzutauchen, als Teilhaber in den Verlag von Friedrich Fontane, dem Sohn des großen Dichters, eintrat und die einst vor seinem Schreibtisch sitzende Schriftstellerin Clara Viebig zu seiner Frau und zur Erfolgsautorin machte.

Später hat Cohn seinen eigenen Verlag gehabt, zu dessen Autoren nicht nur der erwähnte Arnim T. Wegner und Clara Viebig zählten, sondern auch Georg Hermann, Georg Lukács, Gertrud Kolmar, Ina Seidel und viele andere. Und doch hat Cohn, wie die meisten konservativen, kaisertreuen Juden zeit seines Lebens geglaubt, seine jüdische Herkunft verstecken zu müssen. Vor allem sein Sohn sollte nur den Namen der Mutter, nicht den des Vaters tragen, damit Ernst, sein Ein und Alles, ganz »dazugehört«.

Der Aufstieg Deutschlands unter Wilhelm II. zu einer führenden Industrienation war für Cohn eine Zeit der großen Zukunftshoffnung, und Berlin, die pulsierende europäische Metropole, genau der richtige Ort für das Verlagsgeschäft. Aber Cohn gehörte nicht wie Albert Einstein zu denjenigen, die nach dem verlorenen Ersten Weltkrieg die Abdankung des Kaisers und den politischen Neubeginn in der Weimarer Republik begrüßten. Der aufbegehrende revolutionäre »Pöbel« erschreckte ihn. Der größte Teil seines Vermögens, mit dem er Kriegsanleihen gezeichnet hatte, war verloren, seine Welt von Ordnung, Anstand und Disziplin schien für immer dahin. Dass die spätere Verfolgung unter den Nationalsozialisten ihn und alle anderen Juden meinte, wollte er nicht wahrhaben. Wie so viele seiner jüdischen Mitbürger pochte er darauf, dass er Deutscher und auf keinen Fall zur Emigration bereit sei, zu der sein politisch hellsichtigerer Sohn Ernst ihn drängte. 1936 starb Cohn, das Schicksal der Deportation und Ermordung, das auch viele aus seiner Familie traf, ist ihm erspart geblieben.

Ich vermute, dass Carola Stern in Friedrich Theodor Cohn in manchem ein Ebenbild ihres 2001 verstorbenen Mannes Heinz Zöger sah. So einen wie Cohn, der sich bescheiden und selbstlos immer wieder in den Dienst seiner schreibenden Frau stellte, als Erster ihre Texte las, Vorschläge machte, wie der Einstieg in die Geschichte umgeschrieben werden könnte, wo vielleicht eine zusätzliche Figur eingefügt werden sollte oder eine Streichung angebracht wäre – so einen hatte Carola Stern in ihrem Mann Heinz Zöger. Letztlich verdankt sie ihm auch den Hinweis auf Cohn. Zögers Lieblingsschriftsteller war Theodor Fontane gewesen, mit dem er wieder und wieder als Leser durch die Mark Brandenburg wanderte, dessen Witz und Ironie er schätzte und dem er in der unprätentiösen Offenheit für Neues seelenverwandt war. Die Liebe ihres Mannes zu Theodor Fontane ließ Carola eines Tages auf dessen Gedicht »An meinem Fünfundsiebzigsten« aufmerksam werden, das der Dichter wenige Tage nach seinem Geburtstag verfasst hatte und das mit der Zeile endet, die ihre Neugier weckte: »Kommen Sie, Cohn!« Wer war dieser Cohn?

So kam Carola zu Friedrich Theodor Cohn und zu Clara Viebig. Und wie immer erhielt ich eines Tages einen triumphierenden Anruf meiner Autorin: »Ich habe schon die ersten zehn Seiten geschrieben!«

Ab dann trudelten in regelmäßigen Abständen die Manuskriptseiten bei mir ein. Das anfänglich erstellte Inhaltsverzeichnis plante Carola sehr genau durch, überlegte sich Aufbau und Personal, Kulissen, Nebenrollen und Dramaturgie. Selten wurden größere Umbauten daran noch während des eigentlichen Schreibens vorgenommen. Wenn das Rohmanuskript fertig war, dann gab sie es mir wie auch anderen zu lesen, hörte sich Einwände, Kritik und Ergänzungsvorschläge an, strich selbst in den nächsten Durchgängen, was ihr überflüssig, zu wenig ausgebaut oder ablenkend erschien, und reicherte den Text oft durch zahlreiche zusätzlich eingelegte Seiten an.

Noch vor ihrem 80. Geburtstag im November 2005 hatte sie »Kommen Sie, Cohn!« fertig geschrieben. Aber wir waren uns einig, dass der Text in vielem noch ergänzt werden sollte. Ich wünschte mir mehr zu Theodor Fontane, schließlich hatte der doch Fritz und Clara überhaupt erst zusammengebracht und auch in dem Streit der Familien um die Heirat einer Christin mit einem Juden diplomatisch geschickt vermittelt. Die »Physiognomie« Berlins um die Jahrhundertwende, als die Stadt durch U- und Hochbahn, durch AEG und neuartige Warenhäuser zu »Spree-Chicago« wurde, sollte deutlicher hervortreten. Nicht nur für Fritz Cohn, sondern für viele deutsche Juden war es eine Zeit der Hoffnung, des Aufbruchs, bei dem sie selbst die Pioniere waren. Und den Schriftstellern, auch Clara Viebig, lieferten die radikalen gesellschaftlichen Umbrüche der Stadt ständig Stoff für ihre Geschichten. Nicht von ungefähr entstand zu dieser Zeit der Großstadtroman, nahezu synonym mit dem »Berlin-Roman«, der in den zahllosen literarischen Zeitschriften fast in den Rang eines eigenen Genres erhoben wurde.

Auch in dem Urteil über die hier auftauchenden Personen waren wir nicht immer einer Meinung. Zu Clara Viebig beispielsweise hielt Carola Distanz. Zwar bewunderte sie den Mut, mit dem die Viebig realistisch die Welt der »Mietskasernen«, der Dienstmädchen oder der Frauen in den Eifeldörfern beschrieben hatte – die positive Resonanz der Leser war der »deutschen Zola« dabei keineswegs von Anfang an sicher. Aber Carola, die die Romane der Viebig eher mit heutigen Augen las, war manches darin zu kitschig, zu sentimental oder auch zu heroisch. Dabei war ihr die auflagenstarke Autorin von damals in manchen Tugenden – in Fleiß, Begabung, sorgfältiger Recherche und in ihrem Respekt vor dem Publikum, den Lesern – gar nicht unähnlich. Aber Carola nahm ihr übel, dass Clara Viebig nach dem Tod ihres Mannes den Antrag auf Aufnahme in Goebbels Reichsschrifttumskammer stellte; als Ehefrau eines Juden hatte sie vorher kein Mitglied sein können, ohne diese Mitgliedschaft allerdings konnte kaum ein Autor oder eine Autorin etwas publizieren. Genützt hat ihr das nichts mehr. In den einsamen Jahren nach dem Tod ihres Mannes brachte Clara, die bis dahin Jahr für Jahr ein neues Buch geschrieben hatte, keinen Roman mehr zustande.

Auch bei Ernst, dem Sohn von Fritz Cohn und Clara Viebig, waren Carola und ich verschiedener Meinung. Für sie war Ernst ein Hallodri, ein Frauenheld, fast ein modischer Kulturbolschewist, ein Verschwender, ein Angeber, der seine Frauen ebenso häufig wechselte wie seine politische Gesinnung. Ich sah in Ernst eine ganz andere Person. Ich sah ein verlorenes, einsames Kind, das fremd in der Welt seiner Eltern war, eigentlich – obgleich verwöhnt und verhätschelt – kein Zuhause hatte. Ein schwieriges Kind, das seinen Eltern oft Kummer bereitete, das kränkelte, schlecht in der Schule war und sich immer wieder hingezogen fühlte zum »Personal« mit seinen »proletarischen Manieren«, zu dem er in den Augen der klassenbewussten Eltern Abstand zu halten hatte. Man muss kein Psychologe sein, um Ernsts zahllose »Amouren« als immer wieder scheiternde Anläufe eines Liebe Suchenden erkennen zu können. Nur wenn er am Klavier saß oder komponierte, konnte er sich jene Welt erschaffen, in der er ganz »bei sich« war. Was hätte aus diesem hoch begabten Musiker werden können, wenn die Gestapo ihn nicht aus dem Land getrieben hätte? Ernst emigrierte rechtzeitig.

Und das tat auch Franz Colmers, Cohns Halbbruder, ein Sohn aus der zweiten Ehe des Vaters, dessen eigenes Schicksal Carola entgangen war. Franz war früh zum Katholizismus übergetreten, wie so viele deutsche Juden sicherlich in der Hoffnung, sich mit der Taufe ein anerkanntes »Entrebillett«, wie Heinrich Heine es genannt hat, zur deutschen Gesellschaft zu verschaffen. Er war mutiger als sein Bruder Fritz, in jungen Jahren ein Abenteurer, der in die Welt hinauszog, in die Mandschurei und nach Bulgarien, um Erfahrungen in der Feldchirurgie zu sammeln. Franz machte Karriere als allseits anerkannter Chirurg, er wurde Geheimrat und Mitglied des Preußischen Herrenclubs. Aber was scherte das die SA? Knapp zwei Monate nach dem Tod des Bruders wendete sich Franz an Thomas Mann, den er persönlich kannte, mit der Bitte, ihm bei der Emigration nach Amerika behilflich zu sein. Mit dessen Unterstützung gelang es Franz Colmers, seine Familie und sich selbst rechtzeitig in Sicherheit zu bringen.

Carola Stern und ich hatten vereinbart, uns über alle diese Geschichten auszutauschen, nachdem sie sich von den Strapazen der Ehrungen und Würdigungen zu ihrem achtzigsten Geburtstag erholt hätte. Am 6. Januar, so versprach sie mir, würde sie von Usedom, ihrer geliebten Insel, wieder zurück sein: »Und dann besprechen wir alles.«

Aber es kam anders. In den Weihnachtstagen telefonierte ich mit ihr. Gut klang sie nicht. Alarmiert war ich erst, als ich von ihr die Nachricht erhielt, sie sei vorzeitig auf dem Weg zurück nach Berlin – ins Krankenhaus. Wenige Tage später erfuhr ich durch einen Anruf des Arztes, dass sie operiert und danach ins künstliche Koma versenkt worden sei. In den nächsten Wochen sah ich sie täglich. Vielleicht spürte sie meine und die Besuche anderer. Vielleicht.

Ich saß im Kino und sah die Anfangsszene von Woody Allens Film »Match Point«. Der Ball berührt das Netz, federt hoch, ein kurzes Zögern – man weiß nicht, wird er das Netz noch einmal überwinden oder fällt er zurück, woher er gekommen ist. Ich hatte dieses Bild vor Augen, als mich der Anruf der Klinik aus dem Kino holte. Eine gute Stunde vorher noch hatte ich mit dem Arzt telefoniert – ob es ein Problem sei, wenn ich an diesem Abend erst sehr spät zu Carola käme. Ich kam zu spät. Den letzten Schritt hatte sie allein gemacht. Wenn es für sie beschlossene Sache war, zögerte sie nie, bisher unbekanntes Gelände zu betreten. Aber sie bereitete sich gewissenhaft darauf vor.

Auch auf den Tod. Seit Jahren schon, seit dem Tod ihres Mannes, erhielt ich meist schriftliche Instruktionen von ihr. »Im Falle meines Todes« waren sie überschrieben. »Nimm das zu deinen Akten« stand darunter. Sie diktierte mir Telefonnummern und Adressen, ließ mich wissen, welchen Sarg sie wünschte und welche amtlichen Dokumente ich kennen sollte, knappe Notizen, unsentimental, geschäftsmäßig. Bis ich erzürnt protestierte, weil ich von Tod und Trauerfeier nichts wissen wollte – wir hatten doch noch so viele Pläne. Ab dann fing jeder ihrer Briefe mit dem Satz an: »Liebe Ingke, ich verspreche dir, dies wird das letzte Schreiben in Sachen meines Todes sein, aber nimm es zu den Akten.« Sie rügte, dass ich mich weigerte, mich damit zu beschäftigen. »Du wirst mir noch dankbar sein«, sagte sie, »dass ich alles geregelt habe.«

Der Ball fiel zurück an diesem 19. Januar. Ich hatte den Augenblick des Abschiednehmens gefürchtet. Nie wieder wird sie mir, kaum stehe ich im Hausflur ihrer Wohnung, von der Küche aus fragend zurufen: »Willst du lieber einen Prosecco oder einen Rotwein?« Nie wieder wird sie triumphierend-glücklich die ersten geschriebenen Seiten melden. Nie wieder drängend insistieren, dass wir uns schon mal die nächste Figur für ein nächstes Buch überlegen sollten. Tucholsky und seine Frauen werden auf ihr nächstes Leben warten müssen.

Cohn sollte das nicht passieren. Carola Sterns Verleger Helge Malchow bat mich, das Buch zu Ende zu schreiben. Wir hatten beide das Gefühl, das sei richtig und in ihrem Sinne. Denn Carola hätte darauf gedrängt, Cohn nicht noch einmal »auszulöschen«, so wie ihn die Nationalsozialisten nach seinem Tod aus allen amtlichen Dokumenten der Familie Cohn-Viebig »auslöschten«. Carola hatte ihm durch ihre Arbeit ein Stück von seinem Leben zurückgeben wollen.

Und so ließ ich mich auf diese postume Zusammenarbeit ein. Ich tauchte in Carolas Arbeitsmappen ein, die sie, wie bei jedem ihrer Projekte, auch zu diesem Buch in einer kleinen Hängeregistratur angelegt hatte. »Clara Viebig Teil 2« stand auf der einen, »Ergänzungen« auf einer anderen, »noch mit Ingke besprechen« auf einer dritten. Manches fand sich, was mir die Arbeit erleichterte, anderes rührte mich, weil ich immer wieder die sorgfältig und geradezu verschwenderisch recherchierende Autorin erkannte, die sich Literatur über »Berlins S-Bahnhöfe« besorgt hatte oder über »900 Jahre Kostümgeschichte« – vermutlich, um die kleine Anfangsszene, wenn die Gäste zu Theodor Fontanes Geburtstag kommen, mit einer angemessenen und historisch korrekten Beschreibung der Damenkleidung ausfüllen zu können.

Aber ich musste auch selbst auf die Suche gehen, ungedeckt von meiner Mitautorin. Ihr Stil war mir vertraut durch viele Bücher, an denen wir zusammengearbeitet hatten. Dass ich versuchte, beim Leser durch meine Darstellung etwas mehr Verständnis für Ernst zu wecken, dass ich Claras Naturalismus ausführlicher würdigte, die Familie Fontane häufiger zu Wort kommen ließ und auch den *Verleger* Cohn ironisch zeigte – ob ihr das immer gefallen hätte? Ich weiß es nicht, vermute aber, dass es ihr nicht unwillkommen gewesen wäre. Sie war von einer wahrhaft professionellen Uneitelkeit als Autorin und nahm Zusätzliches fast immer dankbar auf.

Zuweilen aber brach ich in Tränen aus, weil es meine Begleiterin so vieler Jahre, ihre zupackende Lust am Arbeiten und Plänemachen plötzlich wieder so gegenwärtig und den Verlust so schmerzhaft spürbar werden ließ – »ein neues Projekt mit Ingke«, hieß eine Mappe. Was von einem Menschen bleibt, ist das, was er anderen gegeben hat. Und sie hat nicht nur mir großzügig geschenkt.

Ich sage dir Adieu, umarme dich und danke dir, Carola Stern.

Und nun kommen Sie, Cohn!

Berlin im April 2006

Der Fünfundsiebzigste

In der Potsdamer Straße 134c, nahe dem Berliner
Landwehrkanal, da, wo nach dem Mauerbau eine West-
Berliner Staatsbibliothek errichtet werden wird, stand
Ende des 19. Jahrhunderts das Johanniterhaus, in dem
der Dichter Theodor Fontane wohnte, fünfundsiebzig
Stufen hoch, beengt, doch recht behaglich.

Die Arbeit an »Effi Briest« hat er einige Monate zuvor abgeschlossen. Emilie, seine Frau, hat wie immer
das »untergeordnete Amt des Abschreibens«, wie sie es
spöttisch nennt, übernommen. Vermutlich aber nicht
nur das. Wer ein Manuskript abschreibt, stößt unwei-
gerlich auf Ungereimtheiten, entdeckt so manche Un-
stimmigkeit, wird Einwände haben und Vorschläge
machen. »Wir basteln meinen Roman fertig«, pflegt ihr
Mann zu dieser gemeinsamen Arbeit zu sagen.

Dort, in seiner »Dreitreppenklause«, sitzt der Hausherr nun um die Jahreswende 1894/95 in seinem geräu-
migen Arbeitszimmer und denkt noch einmal an seinen 75. Geburtstag zurück, den er vor wenigen Tagen
gefeiert hat.

Schon am Vormittag des 30. Dezember 1894 waren
die Pferdekutschen mit den Gästen vorgefahren. Die
Herren erschienen in schwarzen Gehröcken oder eleganten Cutaways, unter denen goldene Manschetten-
knöpfe blinkten, die Damen, Hüte groß wie Wa-

genräder auf den Locken, trugen hochgeschlossene Gewänder, geschmückt mit Rüschen und Jabots, Volants und Spitzen und den gerade in Mode gekommenen breiten Keulenärmeln, die engen Röcke unter den fest zugeschnürten Taillen vom Knie an abwärts glockenartig zu kleinen Schleppen auseinander fallend. Und während sie mit ihren Begleitern die Stufen hoch zu den Fontanes stiegen, raschelte und knisterte verführerisch das Seidenfutter unter ihren Röcken, und auf den Pompadouren glänzten die aufgestickten Perlen. Man trat ein, man gratulierte, stand, ein Weinglas in der Hand, plaudernd im Empfangszimmer zusammen. Gegen Mittag fuhren die Pferdekutschen wieder vor, und die Gäste sagten Adieu. Ja, so war es gewesen.

Auch der preußische Staat hatte den Dichter endlich mit besonderen Auszeichnungen gewürdigt. Auf Anregung des Historikers Theodor Mommsen war ihm die Ehrendoktorwürde der Philosophischen Fakultät der Berliner Friedrich-Wilhelm-Universität zugesprochen worden. Und der preußische Kultusminister hatte ihm jene lang erhoffte lebenslange Pension zugebilligt, die die ständigen Geldsorgen der Familie wenn nicht beseitigen, so doch mildern wird. Aber der alte Herr reagiert auf alle Ehrungen mit einer Mischung aus Stolz und Missmut – Mommsen, der zu den Bewunderern Fontanes zählt, mag er nicht, der ist ihm zu wenig »zweifelsohne«, und ohnehin kommt alles, was ihm an Würdigung zuteil wird, zu spät.

Einige Jahre zuvor hatte er endlich die »Tretmühle« des Journalismus verlassen und die Stelle als Theaterkritiker bei der alten »Vossin«, der »Vossischen Zeitung«, aufgeben können, um sich ganz der freien Schriftstellerei zu widmen. So verhasst er sich bei den Theatern durch seine oft erbarmungslose Kritik an Stücken und Inszenierungen gemacht hat, so populär ist er durch seinen unverfroren ironischen Ton bei den Lesern geworden. Denn er schonte niemanden: »Schlecht ist schlecht, und es muss gesagt werden.«

Sein Ruhm ist in den letzten Jahren ebenso gewachsen wie seine Leserschaft. Briefe von Bewunderern und vor allem auch von Verehrerinnen stapeln sich auf dem Schreibtisch seines Arbeitszimmers. Als Dreißigjähriger war er als freier Schriftsteller gescheitert – nun scheint sein Leben zurechtgerückt. Er genießt Wohlwollen und Anerkennung. Kann er nicht zufrieden sein?

Und dennoch, der Geehrte ist enttäuscht. An seinem 75. hat sich wiederholt, was er ähnlich schon bei der großen, zu Ehren seines 70. Geburtstages veranstalteten Feier im Englischen Haus erlebt hat: Damals wie diesmal hat sich das »alte Preußen« kaum blicken lassen, jene Welt des märkischen Adels, die er doch seit über vierzig Jahren in Romanen, Erzählungen, Tagebuch-Aufzeichnungen, in Land-und-Leute-Schilderungen so unnachahmlich beschrieben hat. »Ich bin immer ein Adelsverehrer (...) gewesen«, sagt er von sich selbst, aber bei »meinen Lieblingen, den Junkern (...), stehe ich auf dem Index«. Keiner von ihnen ist gekommen, um ihm, dem Dichter, zu gratulieren. Wieder hat der preußische Adel wie schon vor fünf Jahren »alles den Juden überlassen«. Unter ihnen hat er eine große Schar von Bewunderern. Und Freunde, die seine Literatur zu schätzen wissen.

Der alte Herr greift zur Schwanenfeder, schreibt

ein Gedicht, »An meinem 75ten«, und bestätigt sich einmal selbst: »Du bist der Mann der märk'schen Geschichte / Du bist der Mann der märk'schen Gedichte / Du bist der Mann des Alten Fritzen / Und derer, die mit ihm bei Tafel sitzen / (…) der Mann der Jagow und Lochow, / der Stechow und Bredow, der Quitzow und Rochow (…). Aber die, die zum Jubeltag da kamen / Das waren doch sehr, sehr andere Namen / (…) Abraham, Isaak, Israel / Alle Patriarchen sind zur Stell / Stellen mich freundlich an die Spitze / Was sollen mir da noch die Itzenplitze! / Jedem bin ich was gewesen / Alle haben mich gelesen / Alle kannten mich lange schon / Und das ist die Hauptsache … Kommen Sie, Cohn.«

Wer ist das, dieser Cohn, dem der Dichter des märkischen Adels, wenngleich ein bisschen jovial-herablassend, da ein literarisches Denkmal setzt?

Einige Tage später, Anfang Januar 1895, haben die Fontanes einige Freunde zum Abendessen eingeladen, und nachdem die Teller abgeräumt worden sind, schlägt die Tochter Martha, Mete genannt, vor, der Vater möge doch der kleinen Gesellschaft seine neuesten Gedichte, vor allem das Geburtstagsgedicht, vorlesen. Und so geschieht es. Die Zuhörer sind sich einig: »Lieber Freund, diese Verse müssen sogleich veröffentlicht werden!« Nur der Justizrat Paul Meyer, den der Dichter außerordentlich schätzt, hat Bedenken: Die letzte Zeile – »Kommen Sie, Cohn!« – macht ihm zu schaffen. Darin schwinge doch »eine Herabsetzung der Juden« mit, von der sich viele Verehrer des Dichters gekränkt fühlen könnten.

Wieso? Das versteht Fontane nicht, das muss der Justizrat ihm erklären. Wie wäre es denn, so antwortet der, wenn zum 80. Geburtstag die preußischen Adligen, die Bredows, die Ribbecks und Itzenplitze, ihr Versäumnis bedauernd, in Massen erschienen, die jüdischen Verehrer jedoch in nur geringer Zahl? Würde der Herr Fontane dann vielleicht ein anderes Gedicht mit der Schlusspointe »Kommen Sie, Itzenplitz!« schreiben?

»Sie haben natürlich Recht«, räumt Fontane ein. »Das geht nicht. Der Adel wird als höher stehendes Element behandelt.« Und also verfügt er, das Gedicht erst nach seinem Tod zu drucken. So hat es Meyer in seinen Erinnerungen beschrieben.

Doch wer ist Cohn?

Wieder kann der Justizrat weiterhelfen. Der hat nämlich Herrn Cohn auf der Geburtstagsfeier wenige Tage zuvor persönlich kennen gelernt. Nachdem alle Gäste gegangen waren, sind nur die engsten Freunde noch geblieben. Für sie haben die Damen Fontane, vor allem Mete, zuständig für die »Hausrepräsentation«, wie es der Vater nennt, im so genannten Berliner Zimmer ein Büfett gerichtet. Zwei der Gäste, der Justizrat Meyer und ein jüngerer Herr, vielleicht Anfang dreißig, haben sich während des Empfangs in angeregter Unterhaltung in Fontanes Arbeitszimmer zurückgezogen. Zwar hat der Justizrat mitbekommen, dass jetzt das Büfett eröffnet ist, doch weiß er nicht so recht, wie er sich verhalten soll. Der Herr neben ihm auf dem Sofa, den er zum ersten Mal bei den Fontanes sieht, hat sich ihm als Friedrich Theodor Cohn vorgestellt und von seiner kaufmännischen Ausbildung in Hamburg erzählt, von seiner Tätigkeit als Reisender in Dänemark, Holland, Belgien und in der Schweiz, von seinem Leben in New York (sieh mal an, der Mann ist weit herum-gekommen!). Ja, und dann, nach dem Tod des Vaters, der Chemiker und Besitzer einer Düngemittelfabrik am Rande Berlins gewesen sei (aha, daher kommt das Geld!), habe er sich entschlossen, als Teilhaber in den Verlag des jüngsten Sohnes des Dichters, in den Friedrich Fontane Verlag, einzutreten.

Doch Meyer ist sich nicht recht im Klaren: Gehört der Kompagnon des Sohnes neuerdings zu »den Intimen des Hauses«, oder wartet der Jubilar darauf, dass Cohn endlich, wie die meisten Gäste vor ihm, Abschied nimmt? Gehört er nun »dazu« oder nicht?

Während Meyer etwas unschlüssig und verlegen da-sitzt, steht plötzlich der Hausherr auf der Schwelle, er-kennt die Situation, bietet dem jungen Mann den Arm und lädt ihn ein, sich nun mit ihm zusammen zum Bü-fett zu begeben: »Kommen Sie, Cohn!« Ja, genau mit diesen Worten! Und so kam Cohn einige Tage später in das Fontane'sche Gedicht.

Aber was weiß man von Cohns Leben, von der Fa-milie?

»Das ist schlecht, aber Sie haben Talent«

Ebenfalls Mitte der neunziger Jahre tritt eine junge Dame auf den Plan, die da weiterhelfen kann. Auch sie steigt die 75 Stufen hoch und stellt sich an der Wohnungstür Frau Fontane als Fräulein Clara Viebig vor, vom Dichter eingeladen zu einem Treffen, um das sie ihn gebeten hat. Die Hausherrin führt die Besucherin in das Arbeitszimmer ihres Mannes, und der, die junge Dame schon erwartend, bittet wohlwollend, doch auf einem Sessel neben seinem Schreibtisch Platz zu nehmen. Schnell kommt man ins Gespräch. Das fällt Clara sofort auf: Dieser lebendige alte Herr mit dem so ungewöhnlich geistreichen Gesicht, den silbergrauen Haaren und den weichen schönen Händen kann nicht nur glänzend erzählen, er kann auch zuhören. Und so wird er sich gewiss zunächst danach erkundigt haben, wie das gnädige Fräulein denn zum Schreiben kam.

Nun erzählt Clara Viebig, dass sie in Trier geboren, aber in Düsseldorf aufgewachsen sei als Tochter des stellvertretenden Regierungspräsidenten, der 1848 zu den Abgeordneten der Paulskirche gehörte. Nach dem Tod des Vaters sei sie mit der Mutter nach Berlin gezogen, um an der Hochschule für Musik zu studieren. Doch für die angestrebte Karriere als Konzert- und Oratoriensängerin, das habe sie erkennen müssen, reiche ihr Talent nicht aus. Um zur knappen Haushaltskasse beizutragen, habe sie angefangen, Erzählungen zu schreiben. An Stoff mangele es ihr nicht. Mit »Onkel Mathieu«, einem Freund des Vaters, der als Untersuchungsrichter die Gegend an der oberen Mosel beruflich oft bereisen musste, sei sie häufig in die Dörfer der Eifel gefahren und habe dort das Leben der kleinen Leute kennen gelernt – Stoff für unzählige Geschichten.

Wie sich Fontane über die ihm eingesandten Manuskripte äußert, hat die Verfasserin ihrem Tagebuch nicht anvertraut, wohl aber den weiteren Verlauf der Unterhaltung aufgezeichnet: »Wir unterhielten uns dann ganz allgemein über die Dichter und was das sei, das die Menschen in allen Völkern und zu allen Zeiten dazu getrieben habe und treibe, sich in Kunstwerken auszudrücken und mitzuteilen.« Schön, so habe Fontane gemeint, brauche ein Kunstwerk nicht zu sein. Alles, was er je geschrieben habe, so vertraute er seiner Gesprächspartnerin an, habe er nur getan, »um einen Abgrund zwischen mir und den anderen Menschen auszufüllen«.

Auch ihre weiteren Besuche bei dem alten Herrn hat Clara Viebig in ihrem Tagebuch protokolliert; so verzeichnet sie auch jene »entsetzlichen Auftritte«, zu denen es kommt, als die Tochter ihre Eltern wissen lässt, dass sie ein »spätes ernstes Lebensglück« in dem über zwanzig Jahre älteren Architekten und zweifachen Witwer Karl Emil Otto Fritsch, den Herausgeber der »Deutschen Bauzeitung«, gefunden und sich heimlich mit ihm verlobt habe. Worauf Frau Fontane in Ohnmacht fällt und Herr Fontane tagelang nicht mehr isst und spricht, obwohl er selbst es doch gewesen ist, der seiner Tochter einst empfohlen hat, »sich nach Neigung (zu) verheiraten«. Vielleicht missfällt Metes Eltern, dass Fritsch schon zweimal verheiratet war und der Tod seiner letzten Ehefrau erst zwei Monate zurückliegt. Aber ihr künftiger Schwiegersohn ist ein gebildeter, weitgereister und vermögender Mann und Mete in einem Alter, in dem ihre Heiratsaussichten nicht mehr allzu gut stehen. So richtet der Vater der Tochter schließlich acht Monate später eine wunderschöne offizielle Verlobungsfeier aus – die Sorge, was aus seiner Tochter, der engsten Begleiterin seines späten Schriftstellerdaseins, dereinst mal werden soll, ist ihm nun genommen. Die Mutter allerdings bleibt der Feier fern.

Die junge Dame Viebig, ungewollte Zeugin dieses vorübergehenden Familienzwistes, muss schon bei ihrem ersten Zusammentreffen mit dem Schriftsteller Fontanes Wohlwollen gewonnen haben. Jedenfalls wird sie in den nächsten Jahren häufiger zu Gast in der Potsdamer Straße sein.

Was mag den Alten, dem immer etwas »Altfränkisch-Militärisches« anhaftete, »ein Hauch der guten, alten Zeit«, wie der Theaterkritiker Alfred Kerr meint, an der schriftstellernden Debütantin angezogen haben? Das äußerlich Altmodische verführt leicht zu voreiligen Urteilen. Anders als bei vielen seiner Generation sind es nicht die Jungen, die Fontane unverständlich sind, sondern die Alten in ihrer Unfähigkeit, Neues zuzulassen, ins zweite Glied zu treten und den Jungen Platz zu machen. Für »dieses am Ruderbleibenwollen, dieses Sichunentbehrlichvermeinen« der Alten hat Fontane nur beißenden Spott übrig. Und was ihn literarisch zu der Berufseinsteigerin Clara Viebig hingezogen haben mag, auch dafür gibt Kerrs kleines Porträt des Schriftstellers womöglich einen Hinweis: Diese »unmoderne Persönlichkeit hat unglaublich moderne Ansichten«, beobachtet der Kritiker. »Der älteste unter den deutschen Literaten ist zugleich der entschlossenste Parteigänger der jüngsten«, weil er nicht »in verlogenen Sentimentalitäten den Gipfel der Kunst erblickt, sondern sich zu ehrlicher Lebensabschilderung (…) hingezogen fühlt«. Denn das hatte auch Clara sich vorgenommen – ungeschminkt wollte sie die Verhältnisse schildern.

Der Dichter muss von ihren Manuskripten angetan gewesen sein, denn sicherlich war er es, der die Verbindung zu dem Verlag des Sohnes herstellte. Dort liest eines Tages der Teilhaber, Herr Cohn, mehrere der von »C. Viebig« eingereichten Novellen und entscheidet: »Diesen Mann möchte ich kennen lernen.« Doch anstelle eines Mannes erscheint das Fräulein Viebig. Ein Zeitungsredakteur hatte ihr gleich bei der ersten Veröffentlichung geraten, ihren Vornamen nicht auszuschreiben, das Publikum neige dazu, weibliche Autoren nicht ernst zu nehmen. Also nur: »C. Viebig«. Und dabei bleibt es auch bei vielen Büchern, die die Autorin in den nächsten zwanzig Jahren veröffentlichen wird, obgleich dann schon jeder Bücherfreund den Namen Clara Viebig kennt.

Na, was meint der Herr Verleger? Gefällt ihm, was er da von Fräulein Viebig liest? Der neigt, wie der väterliche Schriftstellerfreund, zu unverblümten Urteilen: »Mein liebes Kind – das ist schlecht, aber Sie haben Talent«.

»Mein liebes Kind«? Das »Kind« ist Mitte dreißig, ein paar Jahre älter als ihr Gegenüber und im gehässigen

Sprachgebrauch der Zeit eine »sitzen gebliebene alte Schachtel«. Doch mag sie auch nicht mehr die Jüngste sein, ansehnlich ist dieses zierliche, gepflegte und aparte Persönchen mit der hohen weißen Stirn, den großen tiefblauen Augen, mit dem wachen Blick, dem Spitznäschen, der hochgezogenen Augenbraue und dem sinnlichen, schön geschwungenen Mund, das leicht gewellte, ondulierte Haar zu einem kunstvollen Knoten arrangiert. Das Fräulein wirkt selbstbewusst und entschlossen, zugleich anlehnungsbedürftig und lebensstark – eine seltene Mischung. Herr Cohn findet nicht nur Gefallen an den literarischen Texten, sondern auch an Fräulein Viebig selbst. Es bleibt nicht bei dieser ersten Begegnung im Fontane'schen Verlagskontor. Man trifft sich fortan öfter, und auch Clara verliebt sich in Fritz Cohn.

Er ist geistreich, er ist witzig, es macht Spaß, ihn reden zu hören, denn er ist gebildet und hört gern zu. Vor allem aber macht es Clara glücklich, dass sie endlich einen Mann getroffen hat, einen verständnisvollen, kundigen Menschen, mit dem sie über ihre Arbeit reden kann. Denn Rückenstärkung für ihre schriftstellerischen Versuche hat sie bisher noch von niemandem erhalten. Mutter, Bruder und Verwandte waren im Gegenteil entsetzt, als sie den Namen Viebig unter der einen oder anderen Geschichte in der Zeitung lasen. Allerdings, so lässt sie den Verleger wissen, habe deren Missbilligung sie nicht daran gehindert, »dem einmal betretenen Weg zu folgen«.

Diese Person weiß, was sie will! Und Cohn ist fest entschlossen, sie dabei zu unterstützen. Er will künftig ihr Verleger sein und alle Angelegenheiten zu ihrem Besten wenden.

Familienstreit

Eines Tages hält Fritz um Claras Hand an. Frau Viebig, die Mutter, ist entsetzt. Jetzt auch noch das! Ist es nicht schon schlimm genug, dass Nachbarn und Bekannte tuscheln, hinter diesem »C. Viebig« in verschiedenen Blättern und Zeitungen könne sich doch nur die Tochter der Witwe des ehemaligen preußischen Beamten verbergen, die sich unziemlich in die Öffentlichkeit begeben habe und sich ins Gerede bringe. Das schickt sich nicht! Das tut ein anständiges Mädchen nicht! Und jetzt will Clara ihrer Mutter auch noch einen Juden als Schwiegersohn zumuten! Nein, das geht zu weit! Am Widerspruch der Mutter droht die geplante Heirat zu scheitern. Das verliebte Paar bittet Theodor Fontane um Hilfe. Und der bietet seine ganze Überredungskunst auf, Frau Viebigs Widerstand zu brechen. Mit Erfolg.

Um ihr Vertrauen zu gewinnen, wird der alte Herr möglicherweise zunächst über seine eigenen Vorbehalte gegen »ein Volk« gesprochen haben, dem »etwas dünkelhaft Niedriges« anhafte und »mit dem sich die arische Welt nun mal nicht vertragen« könne. Wohl wahr: Juden, in großer Zahl vereint, wie er sie zum Beispiel in Karlsbad während seines Kuraufenthaltes angetroffen habe, seien anmaßend, arrogant, auch ihm recht unsympathisch. Dass in seinen Augen »das christliche Element in seiner Popligkeit noch tiefer drunter« stehe, verschweigt er der aus einem protestantischen Pfarrhaus stammenden Witwe Viebig besser. »Die Juden haben doch wenigstens eine Nase und einen guten Schneider«, hält der Dichter etwas schnoddrig fest – ein Urteil, das Claras Mutter kaum teilen dürfte. Also wird Fontane vielmehr betont haben, wie unerträglich ihm die »Massenjudenschaft« doch sei.

Aber, gibt er zu bedenken, das schließe doch nicht aus, dass es besonders unter den Gebildeten eine Reihe »feiner Juden« gebe, gut erzogen, geistig anregend, von bewundernswerter Intelligenz, Kulturträger eben. Er, der Dichter, habe unter ihnen nicht nur viele Leser, sondern auch gute Freunde gefunden, hochgeschätzte Männer wie den Justizrat Meyer, von ihm als Testamentvollstrecker eingesetzt, oder den Amtsrichter Dr. Georg Friedlaender, ein Nachkomme des berühmten Abgeordneten David Friedländer, der zu den Schülern des weit über Berlin hinaus geschätzten Moses Mendelssohn zählte. Und, nicht zu vergessen, Professor Lazarus, anerkannter Begründer einer ganz neuen Wissenschaft, der »Völkerpsychologie«; dem werde er Zeit seines Lebens dankbar dafür sein, dass er sich 1870 so couragiert für den Kriegsgefangenen Fontane, den angeblichen »preußischen Spion«, beim französischen Justizminister eingesetzt habe. Lazarus sei zusammen mit ihm, dem Schriftsteller, Mitglied im »Literarischen Sonntagsverein Tunnel über der Spree«. Und zu diesen »feinen Juden, gnädige Frau«, sei auch Herr Cohn zu rechnen.

Ob denn Frau Viebig nicht bekannt sei, welcher angesehenen Familie der von der Tochter Erwählte entstamme? Akademiker sei der Vater Wilhelm Cohn gewesen, ein Doktor der Chemie, zudem Unternehmer und Politiker, der als nationalliberaler Abgeordneter im Preußischen Landtag und im Berliner Stadtrat unter den Interessenvertretern des gebildeten und besitzenden Bürgertums saß!

Aber so leicht wird Frau Viebig nicht umzustimmen gewesen sein. Schließlich stamme sie aus alter protestantischer Pastorenfamilie, macht sie geltend, und ein Kollege ihres Vaters, der ehemalige Hofprediger des Kaisers, Adolf Stoecker, habe schon vor einigen Jahren deutlich ausgesprochen, was nicht nur viele Protestanten, sondern auch andere Deutsche dächten: »Die Juden sind und bleiben ein Volk im Volke, ein Staat im Staate, ein Stamm für sich unter einer fremden Rasse.« Stoecker habe damit allen unmissverständlich klar gemacht, dass das deutsche Volk nur »gesunden« könne, wenn »wir den giftigen Tropfen der Juden aus unserem Blute loswerden«. Und solch einem »Fremdrassigen« solle sie ihre Tochter anvertrauen? Nein und abermals nein!

Und nun hat sich die Witwe erst richtig in Rage geredet. Vielleicht, so wird sie ihre Abneigung gegen den möglichen künftigen Schwiegersohn noch weiter erläutert haben, kenne der Herr Fontane – schließlich sei er doch Journalist gewesen – ja auch die weitverbreitete Schrift seines Kollegen Wilhelm Marr »Der Sieg des Judenthums über das Germanenthum vom confessionellen Standpunkt aus betrachtet«! Die überzeuge sie, die Pfarrerstochter, besonders – und viele andere offensichtlich auch, nicht umsonst sei das Buch ein Bestseller geworden. Sowohl Stoecker als auch

Marr kämen »vom confessionellen Standpunkt aus betrachtet« zum gleichen Schluss: Die Juden seien einfach »wesensmäßig und unüberbrückbar anders« als deutsche Christen. Sie gehörten einfach nicht dazu!

Die Juden gebe es nicht, wird Fontane eingewendet haben, man müsse doch unterscheiden! Unmut und Ablehnung richteten sich doch vornehmlich gegen die Zuwanderer aus dem Osten, diese Fremden aus Galizien in ihren langen Kaftanen, mit ihren Schläfenlocken und ihrem Jiddisch, die nie aus der abgeschlossenen Welt ihres Gettos hinausgekommen seien und selbst von ihren Glaubensbrüdern als rückständig abgelehnt würden. Zu denen gehörten die Vorfahren der Cohns schließlich nicht – sie kämen ganz woanders her; sephardische Juden seien sie, deren Vorfahren im 14. und 15. Jahrhundert ihre Heimat auf der iberischen Halbinsel verlassen hätten, in die Niederlande sowie von dort aus weiter nach Norddeutschland oder auch den Rhein hinab gezogen seien, Träger einer hohen Kultur, unter ihnen bedeutende und gebildete Persönlichkeiten!

Wir wissen nicht, ob diese Unterscheidung zwischen Juden aus Ost und Juden aus West Frau Viebig nachhaltig beeindruckt hat. Leider hat niemand berichtet, wie es Fontane schließlich gelungen ist, die Mutter umzustimmen. Vielleicht hat die Sorge um die Zukunft ihrer Tochter, taktvoll geschürt von ihrem berühmten Gegenüber, den Widerstand gebrochen: Eine inzwischen Sechsunddreißigjährige ohne nennenswerte Mitgift und mit einem unweiblichen Beruf – Frau Viebig wird es als höchst ungewiss erachtet haben, ob ihre Clara noch einen anderen Ehepartner finden würde. Also besser diesen »feinen Juden« als gar keinen Mann, zumal Claras Zukünftiger bereit ist, zum Protestantismus zu konvertieren. Seufzend gibt die Witwe nach. Bereuen wird sie ihre Zustimmung nicht.

Aber auch bei der Familie Cohn gibt es Bedenken gegen die Heirat, und der beabsichtigte Glaubensübertritt von Friedrich Theodor Cohn dürfte kaum auf wohlwollende Zustimmung gestoßen sein. Auch wenn man bei den Cohns immer weniger Wert auf religiöse Riten legt, die Schabbatruhe nicht einhält, nur selten noch in eine Synagoge geht, Weihnachten unter dem Tannenbaum feiert und die jüdischen Speisegesetze nicht mehr beachtet, ja, selbst wenn man wie Friedrichs Halbbruder Franz, der aus der zweiten Ehe des Vaters stammt, schon konvertiert ist oder daran denkt, es demnächst zu tun – in der Familie möchte man doch unter seinesgleichen bleiben! Darin unterscheiden die Cohns sich wenig von anderen jüdischen Familien.

Selbstverständlich ist eine so genannte Mischehe zu dieser Zeit noch nicht. Auch in den jüdischen Gemeinden wird vor »Rassenvermischung« gewarnt. Aber viele der Jüngeren wollen vor allem eins: sich *nicht* mehr unterscheiden von ihren christlichen Mitbürgern. Und so nimmt die Mischehe zwischen Juden und Nichtjuden in Deutschland in diesen Jahren zu, besonders in den Großstädten. Erst seit 1875, mit der Einführung der Zivilehe, ist das überhaupt möglich. Zwanzig Jahre nachdem Cohn und Clara Viebig sich kennen gelernt haben, heiratet in Berlin schon jeder dritte jüdische Mann eine nichtjüdische Frau. Die Zeit, als die Eltern noch, womöglich über einen *schadan,* einen jüdischen Heiratsvermittler, eine Ehepartnerin für den Sohn aussuchen, neigt sich dem Ende zu.

Auch wenn die Cohns Clara lange als Fremde, als »Eindringling« betrachten werden – die Brautleute sind in einem Alter, wo sie sich ihr Leben nicht mehr von den Familien vorschreiben lassen. Und so fegt Fritz alle Einwände vom Tisch und lässt die Einladungskarten für die Hochzeit drucken: in Kupferdruck auf Atlaspapier, das Allerfeinste. Zwei Wochen vor der Trauung wird er getauft; Claras Mutter und Friedrich Fontane sind die Taufzeugen. Am 24. November 1896 heiratet das verliebte Paar. Die Tischrede wird kein Geringerer als Theodor Fontane halten.

Ein Jahr nach der Heirat bringt Frau Cohn einen Sohn zur Welt, der, wie auch seine Eltern, zunächst mit amtlicher Genehmigung, die besonders konvertierte Juden beim zuständigen Regierungspräsidenten beantragen können, den Namen Cohn-Viebig trägt. Doch schließlich erwirkt der Vater mit entsprechenden Verbindungen und einem Säckchen Goldmark, versteht sich, eine kaiserliche Kabinettsorder, mit der der Name Cohn aus der Geburtsurkunde gestrichen wird und aus seinem Sohn Ernst Viebig wird. Ernst, sein Ein und Alles, soll ganz und gar »dazugehören«.

»Ein guter Junge, aber unbedeutend«

In den nächsten Jahren bleibt das Leben der Cohn-Viebigs eng mit dem Verlag des jüngsten Fontane-Sohnes verbunden. Das Ehepaar wohnt ganz in Friedrichs Nähe, in Berlin-Schöneberg in einem Gründerzeit-Mietshaus vis-a-vis dem damaligen Botanischen Garten, der in ganz Europa berühmt ist für seinen großen Artenreichtum. Der Verlag bietet dem Kompagnon Cohn wie auch seiner Frau eine solide finanzielle Basis. Und dazu trägt Clara Viebigs schnell wachsender Erfolg als Autorin bei.

Darüber hinaus macht das Unternehmen durch ein ambitioniertes literarisches Programm auf sich aufmerksam und veröffentlicht so unterschiedliche Bücher wie die Gesammelten Werke von Hoffmann von Fallersleben und von Guy de Maupassant, Tolstois »Auferstehung«, Vorlesungen über Lessings »Nathan der Weise« und in der vierzehnten Auflage Tovotes »Liebesrausch«. Auch Ludwig Bechsteins Märchen, Gedichtbände, Liederbücher und Dramen fehlen nicht.

Zu den auflagenstärksten Autoren gehört der einstige Vorleser des Großherzogs von Sachsen-Weimar, der Freiherr Ernst Ludwig von Wolzogen, der zu Beginn des 20. Jahrhunderts nach dem Vorbild des Pariser »Chat noir« das berühmte »Überbrettl« in Berlin am

Alexanderplatz gründet, das erste literarische Kabarett in Deutschland. »Wir werden diese alberne Welt umschmeißen! Das Unanständige werden wir zum einzig Anständigen krönen!« So hat sein Freund und Mitstreiter Otto Julius Bierbaum das Programm schon einige Jahre vorher angekündigt. Als Kapellmeister wurde Arnold Schönberg eingestellt, der Schöpfer der Zwölftonmusik. Aber Wolzogen ist kein erfahrener Manager, das »Überbrettl« macht bald darauf schon wieder pleite. Als Autor allerdings bleibt er erfolgreich, er ist ein Zeitkritiker, ein Spötter, nicht zuletzt über die »alten, verbrauchten Werte« und heuchlerischen Moralvorstellungen im Bürgertum und beim Adel, ein Satiriker von hohen Graden und dennoch allseits gepriesen als »berühmter Humorist«. Seine 1895 bei Friedrich Fontane erschienene Streitschrift »Linksum, kehrt, schwenkt – Trab. Ein ernstes Mahnwort an die herrschenden Klassen und den deutschen Adel insbesondere« schätzt der alte Fontane sehr, wirft Wolzogen hier doch dem herrschenden Adel vor, den Anschluss an die moderne Zeit verpasst zu haben. Das findet der Schriftsteller auch – abgewirtschaftet habe der Adel: »Es gibt weniges, was so aussterbereif wäre wie die Geburtsaristokratie«, schreibt er an seinen Freund Friedlaender. »Alles antiquiert.«

Mit der Wahl seiner Autoren beweist Friedrich Fontane Gespür für das, was gefragt ist. Darüber hinaus akquiriert er geschickt Druckaufträge für Broschüren und Schriften, die auf einen sicheren Abnehmerkreis hoffen können, so zum Beispiel die Veröffentlichungen des Touristen-Clubs für die Mark Brandenburg; und er scheut auch nicht davor zurück, dem Zeitgeist Tribut zu zollen, in seinem Verlag darf auch »Ein Kolonial-programm für Ostafrika« erscheinen.

Sein ehrgeizigstes verlegerisches Projekt aber ist die Herausgabe des Gesamtwerks seines Vaters. Er bemüht sich umsichtig, von Familienmitgliedern sowie von anderen Verlagen die verstreuten Rechte an den Werken seines Vaters zu erwerben, soweit sie dieser ihm nicht schon überlassen hat, um die Bücher neu aufzulegen und für eine erste größere Gesamtausgabe zu sammeln. Anfänglich hat Theodor Fontane so gar keinen Gefallen finden können an dem Ansinnen des Sohnes, sein Verleger zu werden: »Es wäre ja fürchterlich, wenn die gesunde Basis eines Verlagsgeschäfts immer ein bücher-schreibender Vater sein müsste«, weist er ihn ab.

Friedrich hat es die meiste Zeit seines Lebens schwer gehabt, Anerkennung beim Vater zu finden. Viel hält Fontane nicht von ihm. »Friedel ist ein guter, lieber Junge, aber unbedeutend«, urteilt er über den Sohn. Den acht Jahre älteren Theo beauftragt er, den Bruder, der nur ein mäßiger Schüler ist und die Schule vorzeitig verlässt, »in Zucht« zu nehmen. Auch die Mutter findet keine Worte zur Verteidigung des Jüngsten: Er könne »schließlich nichts dafür«, schreibt sie in einem Brief, »dass ihm das geistige Plus seiner Herren Geschwister versagt worden ist (Mete als ›männlich‹ mit eingerech-net)«.

Zum Glück scheinen solche wenig schmeichelhaf-ten und wenig liebenswürdigen Urteile seiner Eltern Friedrich nicht in seinem Elan gebremst zu haben, sein Leben in die Hand zu nehmen. Nachdem er seine Buchhändlerlehre bei Langenscheidt beendet und ei-nige Jahre Berufserfahrung gesammelt hat, beschließt er, sich selbstständig zu machen. Es gefällt ihm einfach nicht mehr, »aufs Neue eine Stellung für 400 Thaler unter einem vielleicht wenig gebildeten Menschen« anzunehmen. Als 24-Jähriger gründet er seinen eigenen Verlag. Der Vater ist überhaupt nicht begeistert: »Du weißt, dass ich über alle diese Geschichten anders denke wie Du und es als ein Glück für Dich und uns ansehn würde, wenn Du warten und in bescheidenen aber so lange wir leben immerhin auskömmlichen Verhältnissen ausharren wolltest«, schreibt er ihm am 30. August 1888. »Alles, was Du vorhast, ist kein Unsinn, ein Erfolg ist möglich, aber er ist nicht wahrscheinlich.« Mut scheint dem jungen Unternehmensgründer niemand in der Familie gemacht zu haben. »Wann ist er wohl pleite?«, fragt boshaft »Tante Jenny« Sommerfeld, später Autorin des Friedrich Fontane Verlags, als sie durch Emilie von den Plänen ihres Neffen hört.

Aber die Familie täuscht sich in dem jüngsten Spross der Fontanes. Am 1. Oktober 1888 wird die Firma unter dem Namen »Verlags- und Sortimentsbuchhandlung von Friedrich Fontane« in Berlin W 35, Potsdamer Straße 122b, eröffnet. Sie besteht bis 1918, da gerät Friedrich in finanzielle Bedrängnis, und Samuel Fischer kauft alle Rechte des Verlags auf. Aber besonders in den ersten Jahren ist Friedrichs Unternehmen sehr erfolgreich. Er wisse, so versucht er den ständig von Geldsorgen geplagten Vater zu beruhigen, wie »man sich fremde Betriebsmittel« besorgt. Ein vermögender Schulfreund tritt als stiller Teilhaber in seine Firma ein, und nach dessen Ausscheiden finanzieren Egon Fleischel und Friedrich Theodor Cohn die »Kommanditgesellschaft Friedrich Fontane & Co«. Friedrich erwirbt sich schnell einen guten Ruf in Verlegerkreisen und bei den Buchhändlern. Sieben Jahre später glaubt selbst der Vater, registrieren zu können, dass sein Sohn »auf dem Gebiet der Belletristik (...) nach meiner Kenntnis Nummer-1-Verleger« geworden ist und das, so bekennt er in einem Brief an den Sohn Theo, »nicht nur durch Glück, sondern auch durch Fleiß, Umsicht, Geschicklichkeit. Er hatte was von Großmannssucht, was mich störte; mausert sich aber jemand heraus und bringt es zu was, so kriegt das, was einem als Groß-mannssucht erschien, einen anderen Namen«.

Und doch weigert der Vater sich anfänglich beharr-lich, dem Sohn auch die Rechte an seinen Texten zu übertragen. Er wolle keine geschäftliche Beziehung mit seinen Kindern eingehen: »Geld nehmen von meinen Kindern, thu ich nicht und Dir 6 Bände zum Geschenk machen, wäre eine bis zur Ungerechtigkeit gesteigerte Bevorzugung.« So bescheidet er Friedrich noch am 5. Februar 1890. Doch schließlich kann der Sohn den Vater zumindest für einen ersten Probelauf gewinnen, »Stine« darf er drucken, zumal andere Ver-lage diesen Roman bereits abgelehnt haben. Kurz dar-auf erscheint bei Friedrich auch die Restauflage von »Irrungen, Wirrungen« und dann eine zweite Auflage von »L'Adultera«. Aber nun soll es genug sein, findet der Vater. Am 27. Januar 1891 weist er weitere Be-gehrlichkeiten des Sohnes schroff zurück: »Es tut mir leid, daß ich diese Dinge, vor denen ich endlich Ruhe zu haben glaubte, immer wieder durchzabbern muß. (...) All das habe ich Dir schon früher gesagt, und Du mußt mir, nachdem ich es unter Drangebung oder Be-schneidung meiner Prinzipien an Entgegenkommen nicht habe fehlen lassen, eine fortgesetzte Debatte darüber ersparen.«

Aber der Erfolg des Verlages scheint den Vater schließlich doch überzeugt zu haben. Im Dezember 1891 kann Friedrich »Theodor Fontanes Gesammelte Romane und Novellen« in zweiter Auflage ankündigen. Und fortan erscheinen alle neuen Texte von Fontane – darunter die letzten großen Romane »Effi Briest« und »Stechlin«– zuerst im Verlag seines Sohnes. Allein »Effi Briest« erzielt innerhalb eines Jahres fünf Auflagen. Die 1904, sechs Jahre nach Fontanes Tod, mit den Romanen und Novellen begonnene und mit den Reisebüchern, Briefen, Theaterkritiken und Schriften aus dem Nachlass fortgesetzte Edition der Gesamtausgabe wuchs auf insgesamt 21 Bände an.

Nichts für die »arbeitenden Kreise«

Zum literarischen Ruf des Hauses trägt auch die bei Fontane in Kommission erscheinende »groesste und vornehmste Kunstzeitschrift« PAN bei, in der Friedrich Fontane 1899, ein Jahr nach dem Tod seines Vaters, auch dessen Gedicht »Kommen Sie, Cohn« erstmals veröffentlicht. An PAN arbeiten so berühmte Autoren wie Richard Dehmel, Otto Julius Bierbaum und Detlev von Liliencron und so bekannte Maler wie Franz Stuck und Max Liebermann mit. Mit dem ästhetisch und politisch harmlosen Niveau solcher Zeitschriften wie der »Gartenlaube« will man nichts gemein haben. PAN will kompromisslos, elitär und modern sein und wendet sich kritisch gegen das heroisierende Kunstverständnis, den prüden Mief und gegen die Verherrlichungsgesänge des wilhelminischen Kaiserreichs. PAN will provozieren.

Die Idee zu der Zeitschrift wird am Stammtisch in der ständig überfüllten Weinstube »Zum Schwarzen Ferkel«, an der Ecke Unter den Linden und Wilhelmstraße, geboren. Hier hat sich vor einigen Jahren schon ein Kreis von Bohemiens um den Dramatiker August Strindberg gebildet, aufstrebende Maler, Schriftsteller, Musiker, die durch wilde Trinkgelage stadtbekannt sind. Warum, so wird eines Tages einer von ihnen gefragt haben, sollen wir uns eigentlich immer mit kleinkariert denkenden Redakteuren oder nur auf den Umsatz schielenden Verlegern herumschlagen, wenn wir unsere Beiträge unterzubringen versuchen? Gründen wir doch selbst eine Zeitschrift! Eine wie es sie noch nie in Deutschland gegeben hat! Unabhängig soll sie sein! Frei von kommerziellen Interessen und dem Druck des Marktes! Wie soll sie heißen? Namen schwirren hin und her, werden geprüft, diskutiert und wieder verworfen. Bis einer den Namen in die Runde wirft, den alle gutheißen: PAN, wie die mythologische Figur, das ist kurz und einprägsam, und zugleich heißt das griechische Wort »pan« doch »gesamt, allumfassend«. Schließlich soll hier alles »im starken Nebeneinander« erscheinen, was die moderne Gegenwartskunst ausmacht: Gedichte, Architektur, Graphik, Kunstgewerbe, Essays, Prosa und auch neue Musikstücke!

Das aber wissen die Beteiligten auch: Über den Buchhandelsverkauf und über Abonnenten allein ist ein solches Projekt nicht zu finanzieren. Also gründet man eine Genossenschaft. Wer Mitglied werden will, muss Anteile zwischen 100 und 10 000 Mark zeichnen. Nicht kleckern, sondern klotzen, heißt die Devise. Am 19. April 1894 wird die »Genossenschaft mit beschränkter Haftung« in das Register des Amtsgerichts Berlin eingetragen. Die enthusiastischen Initiatoren um Julius Meier-Graefe bedienen sich modernster Methoden, um zu zahlungskräftigen Mitgliedern zu kommen. Sie schwärmen aus, um wohlhabende Förderer, Industrielle, Aristokraten und etablierte Künstler zu gewinnen, sie veranstalten »Spender-Soupés« und ein teures Bankett im Hotel »Monopol«. Heute würde man von »fund raising« sprechen. Und sie haben Erfolg: Jeder,

der auf sich hält, möchte gern dabei sein. Danach verdoppelt sich die Zahl der Geldgeber.

100 000 Mark beträgt das Anfangskapital, und am 6. April 1895 kann das Erscheinen der ersten Ausgabe im »Kaiserhof« gefeiert werden. 1500 Exemplare werden im Großfolioformat in drei unterschiedlichen Ausgaben gedruckt – einer allgemeinen, einer Vorzugsausgabe auf Kupferdruckpapier und einer Künstlerausgabe auf kaiserlichem Japanpapier, in die nicht nur Reproduktionen, sondern auch Originalgraphiken von Max Liebermann und Max Klinger eingelegt sind. Während Kunstzeitschriften in dieser Zeit zwischen zwölf und zwanzig Mark im Jahr kosten, muss der interessierte Leser für ein Jahresabo bei PAN schon für die billigste Ausgabe 75 Mark berappen, für die Künstlerausgabe gar 160 Mark. Ein Rezensent stellt fest, PAN sei eindeutig »nicht bestimmt, die arbeitenden Kreise zu beeinflussen«. Die zu erreichen vertagt man. Sobald »wir durch den Zuspruch der begüterten Kreise dazu in der Lage sind«, verspricht Richard Dehmel, werde man sich mit der Zeitschrift »auch dem unbegüterten Volke« zuwenden. Aber bis dahin dürfe PAN nur vom Feinsten sein – etwas für die Nachwelt zu vollbringen, sei nun mal teuer, entgegnet er einem Freund, der den hohen Preis der Zeitschrift kritisiert.

Doch bald stößt die Vorstellung, es lasse sich eine »rein künstlerische Publikation« betreiben, die sich »nicht nach den Wünschen des großen Publikums richtet und daher«, wie es das Editorial verniedlichend sagt, »keine Aussicht auf lukrative Ausbeute in grossem Umfange hat«, hart auf die Widerstände der Realität. Statt von dem Publikumsgeschmack erweist sich die

Zeitschrift schnell als abhängig von ihren Geldgebern, die durch den Aufsichtsrat vertreten sind. Während die Redakteure um Meier-Graefe und Bierbaum in PAN ein Forum für die neuesten Strömungen der Kunst sehen, für alles, was ungewöhnlich, modern und avanciert ist, sitzen im Aufsichtsrat vorwiegend konservative ältere Herren aus adligen und großbürgerlichen Kreisen. Die aber neigen zu einem ganz anderen Kunstverständnis und werden bald darauf ihren Vorstellungen mit Nachdruck Geltung verschaffen. Mit dem einen oder anderen in der Zeitschrift erscheinenden dadaistisch anmutenden Gedicht, wie beispielsweise Richard Dehmels »Trinklied«, das ein in ihren Augen ziemlich unverständliches »dagloni gleia glühlala!« beschwört, können sie schon nichts anfangen. Zügellos, diese Literaten! Und was mag erst der Kaiser von solchen Zeilen halten, der auch mit zu den Finanziers von PAN gehört! Zum handfesten Skandal kommt es dann, als Meier-Graefe eine Graphik von dem französischen Maler Toulouse-Lautrec erwirbt. Ausländische Kunst soll hier mit deutschen Geldern gefördert werden? Das geht zu weit! Schlimm genug, dass der Kosmopolit Harry Graf Kessler, der erst vor einem Jahr von Paris nach Berlin, nach »Parvenüpolis«, gezogen und bald ein häufiger Gast in den Berliner Salons ist, Gedichte der Franzosen Verlaine und Mallarmé unter Vertrag genommen hat, die in französischer Sprache abgedruckt werden! Kessler, der zu den agilsten Akquisiteuren der Zeitschrift gehört, hat darüber hinaus seine Kontakte mobilisiert und ist eine enge Kooperation mit einer französischen Zeitschrift eingegangen, die einen Teil der Auflage von PAN als Supplement beilegt.

Im wilhelminischen Kaiserreich, das erst dreißig Jahre zuvor den letzten Krieg gegen Frankreich beendet hat, ist eine so exzessive Verehrung der französischen Kunst und Literatur undenkbar. Der Aufsichtsrat fordert, PAN solle »ein deutsches Kunstblatt« werden und sich um die Förderung der »Keime der heimischen Kunst« verdient machen. Das Deutsche Reich brauche eine Kunst, die der neuen Großmacht entspreche. Meier-Graefe und Bierbaum müssen gehen. Kessler, der sich geschickter zwischen den Fronten zu bewegen weiß und auf den man glaubt, nicht verzichten zu können, wird Mitglied des Aufsichtsrats und arbeitet in den folgenden Jahren mit dem neu ernannten Redakteur Cäsar Flaischlen – später ein Freund und Autor von Cohn – eng zusammen, auch wenn beider Kunstverständnis weit auseinander liegt. Max Beckmann kritisiert die Zeitschrift denn auch in den nächsten Jahren oft als »zu zahm«.

Die Aufmerksamkeit, die ihr in den Anfangsjahren gezollt wird, kann das elitäre Blatt bald nicht mehr erregen. Die Zahl der Genossenschaftsmitglieder schrumpft ebenso wie die der Abonnenten. Es kommt zu finanziellen Verlusten, die sich noch verschärfen, als der erste Konkurrent auf dem Markt erscheint: die Zeitschrift »Insel«, aus der später der Insel Verlag hervorgeht. Er wird die Verknüpfung von Kunst und Gewerbe, mit der PAN den Buchdruck stark beeinflusst, zu seinem Markenzeichen machen. Kessler verhandelt über eine Fusion mit dem ungeliebten Mitbewerber. Vergeblich. Das bedeutet das Aus für PAN. Am 15. Juni 1900 erscheint die letzte Ausgabe.

Die deutsche Zola

Den Friedrich Fontane Verlag muss das Ende des fünf-
jährigen Intermezzos der Zeitschrift nicht sonderlich
beunruhigen. Der Verlag hat sie ohnehin nur in Kommission vertrieben, und sein Geld verdient er mit anderen Projekten. In erster Linie mit den Büchern des
alten Theodor Fontane.

Aber der, so muss Clara bei ihren letzten Besuchen
im September 1898 in der Potsdamer Straße feststellen,
wird immer hinfälliger. Von Asthmaanfällen geplagt
findet sie ihn im Bett vor, umringt von Büchern, Manuskriptseiten und Zeitschriften. Und doch, so hält sie
in ihrem Tagebuch bewundernd fest, »übt« er »meister-
lich« die »seltene Kunst, alt zu werden«. Am 20. September 1898 stirbt der Dichter. In seiner selbstironischen
Art hat der Alte da längst selbst eine Art Lebensbilanz
gezogen: »Eine kleine Stellung, ein kleiner Orden (Fast
wär' ich auch mal Hofrat geworden) / Ein bisschen
Namen, ein bisschen Ehre / Eine Tochter ›geprüft‹, ein
Sohn im Heere / Mit siebzig 'ne Jubiläumsfeier / Artikel
im Brockhaus und im Meyer ... / Altpreußischer
Durchschnitt. Summa Summarum / Es drehte sich alles
um Lirum larum / Um Lirum larum Löffelstiel / Alles in
allem – es war nicht viel«. Theodor Fontanes Tod trifft
nicht nur Familie und Freunde schwer, sondern auch
den Verlag seines Sohnes.

Aber noch ist Fontane nicht der einzige gewinn-
bringende Autor des Verlages. Fritz Cohn, der die
Bücher seiner Frau betreut, sorgt dafür, dass ein Band
mit ihren gesammelten Erzählungen, von anderen Ver-
lagen als »zu anstößig« verworfen, unter dem Titel
»Kinder der Eifel« mit beachtlichem Erfolg in seinem
Haus erscheint. Es sind Geschichten über das Leben
der »kleinen Leute«, und da kennt Frau Viebig sich aus.
Sie weiß, wie sie reden, hochdeutsch und im Dialekt.
Sie weiß, wie Dörfler angezogen sind, welche Kopf-
bedeckungen sie tragen und aus welchen Stoffen die
Kleiderschürzen der Frauen sind. Sie kennt die Spezia-
litäten in den Bäckerläden, die man im Rheinland am
Nikolaustag verkauft, die mit Mandeln und Zitronat
gespickten Leckereien. Die realistische Detailtreue ge-
paart mit spannenden dramatischen Lebensgeschichten
verschafft ihr eine große Leserschaft.
Ihre Geschichten aus den Dörfern dieses Land-
strichs erzählen »von Liebe und Hass, von frommem
Gelübde und verbrecherischer Schuld, von Wallfahrts-
wundern und gebrochener Treu, von Habgier und von
Missgunst«, so wie sie die Menschen als Begleiterin von
»Onkel Mathieu«, dem Untersuchungsrichter, kennen
gelernt hat. Nicht bei allen stoßen ihre Schilderungen
auf Gegenliebe. Viele Kritiker und auch die katho-
lische Kirche werfen der Autorin vor, in »abstoßender
Wirklichkeit« zu wühlen, sprechen von »sinnlicher
Rinnsteinkunst«. Da sind sie sich einig mit dem selbst
ernannten obersten Kunstrichter des Reiches, dem
Kaiser, der gar nichts von solcher »Elendsliteratur«
hält. Die Kunst, so verkündet er, solle die »unteren
Stände« schließlich nicht weiter hinabziehen, sondern

aufrichten, emporheben. Wenn sie »in den Rinnstein niedersteigt«, fährt der Kaiser schweres Geschütz auf, »nichts weiter tut, als das Elend noch scheußlicher hinzustellen, wie es schon ist, dann versündigt sie sich damit am deutschen Volke«.

Aber Leser denken anders als Regenten. Beim Publikum erfreut sich das Schicksal armer Leute steigender Beliebtheit. Eine wachsende Leserschaft beeindruckt, wie eindringlich Clara Viebig nicht nur in ihren Erzählungen aus der Eifel, sondern auch in ihren Stadtromanen die menschenunwürdigen Verhältnisse derer zu schildern weiß, die auf der dunklen Seite des Kaiserreichs leben, ihre Armut beschreibt ihre unerträgliche wirtschaftliche Abhängigkeit, die Erniedrigung von Frauen und die Tragödien ungewollter Schwangerschaften.

»Die deutsche Jüngerin Zolas« wird Victor Klemperer sie in einem Artikel zu ihrem 80. Geburtstag 1948 nennen, und so sieht sie sich auch selbst, nachhaltig beeindruckt von dem Bergarbeiterroman »Germinal« des französischen Schriftstellers Émile Zola. In ihm findet sie ihr großes Vorbild. Wie er will sie soziale Missstände aufdecken und anprangern. Und dafür liefert die Hauptstadt des Kaisers in dieser Zeit »eines überschnellen Emporwachsens zur Weltstadt« viel Material, stellt die Autorin fest. Sie will mitfühlen und mitleiden mit ihren Helden und Heldinnen; denn auch wenn sie nicht persönlich deren Schicksal teilt, so ist doch in »allen ein Stück eigenen Erlebens enthalten (…), was ihnen Leid und Freude schafft, das habe ich alles auch am eignen Leibe erfahren und im eignen Herzen gefühlt«.

In den beiden letzten Jahrzehnten des 19. Jahrhunderts taucht ein neues »Genre« auf dem Buchmarkt auf: der »Berlin-Roman«, in dem die Großstadt den Handlungsrahmen stellt. Massenweise erscheinen Romane und Erzählungen, die sich in Titel oder Untertitel auf die Hauptstadt beziehen. Literaturzeitschriften widmen dem »Berlin-Roman« eine eigene Sparte. Zu Recht: Er gilt als *der* »Gesellschaftsroman der Moderne« (Michel Durand). Auch Clara Viebig, die heute bei vielen zu Unrecht als »Heimatschriftstellerin« aus der Eifel gilt, folgt dieser Modeströmung. Die Hälfte ihrer Romane spielt in der Großstadt Berlin, die in diesen Jahren, begünstigt durch die fünf Milliarden Francs Reparationszahlungen, die Frankreich nach dem verlorenen Krieg von 1870/71 an Deutschland leisten muss, einen wahren Spekulations- und Bauboom erlebt. Der Kaiser möchte mit seiner Stadt nicht hinter anderen europäischen Metropolen zurückstehen. Sein Großvater, Wilhelm I., hatte sich 1871 bei der Gründung des Deutschen Reiches im Spiegelsaal von Versailles von dem gewieften Bismarck noch maulend und greinend, voller Unbehagen angesichts der anbrechenden neuen Zeit, die ihn nicht mehr König von Preußen sein ließ, die ungeliebte Kaiserkrone aufs Haupt drücken lassen. Sein Enkel, Wilhelm II., nimmt die neue Rolle begeistert an. »Er bricht mit der Ruppigkeit, der Poplichkeit, der spießbürgerlichen Sechsdreierwirtschaft«, schreibt Theodor Fontane über den jungen Regenten an seinen Freund Friedlaender. »Er ist ganz unkleinlich, forsch und hat ein volles Einsehen davon, dass ein Deutscher Kaiser was andres ist als ein Markgraf von Brandenburg.«

Jahr für Jahr nimmt die Stadt Massen von Zuwanderern auf. Russische Juden flüchten vor den Pogromen des Zaren nach Berlin, Menschen aus den Dörfern folgen der Landflucht und ziehen in die Stadt, Auswanderungswillige, die eigentlich weiter nach Amerika wollen, stranden im Berliner Scheunenviertel. Wenige Jahre nach der Jahrhundertwende leben mehr als zwei Millionen Menschen in der Stadt. Wohnungen sind knapp. »Kaum irgendwo auf der Welt wohnt man so dicht, es ist, als ob nicht für Menschen Unterkunft geschaffen werden sollte, sondern für Maulwürfe«, kritisiert Maximilian Hardens Zeitschrift »Die Zukunft«. Die Nachfrage übersteigt das Angebot, skrupellose Grund- und Bauspekulanten sorgen für überhöhte Mietpreise. »Spree-Athen ist tot«, stellt der spätere Außenminister Walther Rathenau fest, stattdessen sieht er ein »Spree-Chicago« heranwachsen. Theodor Fontane ist empört, als der neue Eigentümer des Mietshauses Hirschelstraße 14, in dem die Familie Fontane seit neun Jahren wohnt, die Miete erst einmal verdreifacht, obwohl sich der Hof in einem Zustand befinde, in dem er, so der Schriftsteller, »das ganze Geheimrats-Viertel mit Typhus versorgen« könnte. Fontane zieht um in eine erschwingliche Wohnung in der Potsdamer Straße, wo Clara Viebig ihn kennen lernt, in ein Haus, das allerdings ebenso heruntergekommen, zudem voller Wanzen ist. Aber um die Wanzen kümmert sich Emilie, der Schriftsteller zieht sich während der Zeit der Wohnungsrenovierung aus Berlin zurück.

Die Spekulationslust, die wuchernden Immobiliengesellschaften, die »alles verschlingende« Stadt macht Clara Viebig in den nächsten Jahren in ihren Romanen häufiger zum Gegenstand, am nachdrücklichsten in dem 1910 erscheinenden Buch »Die vor den Toren«.

Der Roman spielt in Tempelhof, heute ein Stadtteil von Berlin, damals, nach der Gründung des Deutschen Reiches, noch ein Dorf. Das Wachstum Berlins beschert den Tempelhofer Bauern einen wahren Goldregen, es ermöglicht ihnen, ihre Grundstücke zu überhöhten Preisen zu verscherbeln. Menschen aus bescheidenen Verhältnissen werden von heute auf morgen steinreich. Aber der Goldrausch ruiniert sie, nimmt ihnen alles, was sie besitzen, die Kornfelder und Wiesen, ihre Kinder, ihre Traditionen, ihre Freude. Zuletzt bleiben selbst die Störche aus, die Glücksbringer, die immer in dem Dorf genistet haben. Stattdessen werden auf dem verkauften Grund und Boden, wo neuerdings die Elektrische »blitzte«, »Bahnzüge donnerten«, wo »es raste und ratterte, rollte und rasselte«, Häuser »wie Kasernen« gebaut.

»Wie ein riesiger Sarg« kommt Mine, dem Dienstmädchen in dem zehn Jahre früher erschienenen Roman »Das tägliche Brot«, das große Haus, in dem sie arbeitet, an einem düsteren Abend vor. Auch sie war nach Berlin mit großen Hoffnungen gekommen, beneidet von ihrem Bruder Max: »Du ha's gutt, du machst nach der Stadt.« Alle, die »nach der Stadt gemacht hatten«, wussten nach Hause von Wunderdingen zu berichten – von einem »schönen Sparkassenbuch, einer guten Partie«, und so glaubt auch Mine, dass in der Stadt »das Glück auf der Straße« liege: »leichte Arbeit, leichter Lohn«. »Schick nur viel heeme«, hatten ihr die Eltern zum Abschied hinterhergerufen.

Zur gleichen Zeit und aus dem gleichen Dorf wie Mine stammend kommt Bertha in der Großstadt an, anders als die fleißige Mine ein »hübsches, leichtfertiges Ding«, schlau und gewandt. Beide verdingen sich als Dienstmädchen, und alle großen Hoffnungen, alle Träume schnurren bald zu einem einzigen Wunsch zusammen: »Nicht mehr dienen. Sich einmal nicht mehr schinden, sich nicht hin- und herjagen lassen, sich nicht mehr ducken um das bisschen täglich Brot.« Bertha ist diesem Leben nicht gewachsen und endet in »zweifelhafter Stellung als Animiermädchen«. Mine wird gedemütigt und ausgenutzt und kehrt, von Heimweh geplagt, zurück in ihr Dorf. Willkommen ist sie auch dort nicht – eine arbeitslose junge Frau mit einem unehelichen Kind, die so gar nicht dem entspricht, was ihre Eltern sich von der aus der kaiserlichen Hauptstadt Heimgekehrten erhofft hatten.

Aber Clara Viebig ist nicht die Autorin, die es bei einem tragischen Ende bewenden lassen will – sie weiß, was sie ihren Leserinnen schuldig ist: ein Happy End, wie es nur im Roman, nicht in der Wirklichkeit vorkommt. Mine findet schließlich eine Portierstelle in einem der neu errichteten Mietshäuser in der Winterfeldtstraße in Berlin-Schöneberg. Solange sie nicht bezugsfertig sind, wohnen in solchen Häusern unentgeltlich Familien, die sonst kein Dach über dem Kopf haben. Das hilft, die von feuchtem Putz beschlagenen Wohnungen schneller trockenzulegen. Mine darf »trockenwohnen« und mit ihrer Familie ein ganz neues Zuhause beziehen.

Anders als Bertha ist sie dem Schicksal der vielen anderen entkommen, die den zermürbenden täglichen Gang zur Arbeitsvermittlung auf dem Winterfeldtplatz antreten müssen, wo 1904 eine städtische Baracke aufgestellt wird, um weibliches Personal als Arbeiterin,

Näherin oder aber Dienstmädchen zu vermitteln. Vor den Baracken lungern Anwerber herum, die ihren Vorteil aus der aussichtslosen Lage vieler arbeitsloser Frauen zu ziehen wissen und sie als Tänzerinnen, Animierdamen oder aber für die Prostitution in der Friedrichstraße, der sündigen Meile von Nachtbars, Tanzlokalen und Animierkneipen, rekrutieren. 20 000 Berlinerinnen arbeiten nach den Schätzungen der Polizei um 1900 als Prostituierte. Viele von ihnen haben vorher versucht, als Dienstmädchen ihr Auskommen zu finden.

Mit der Beschreibung der bedrückenden Situation von Menschen wie Mine, ihrer Ausbeutung und Vereinsamung in diesem »Ungeheuer Stadt«, wird Clara Viebig zur naturalistischen Schriftstellerin – und zur populären, viel gelesenen Autorin. Allerdings wird ihr Naturalismus im Laufe der Jahre in einigen ihrer Bücher mehr und mehr »übergoldet (...) mit jener volksliedhaften Stimmung der Brunnen, die verschlafen rauschen in der linden Sommernacht«, mit leicht kitschigen Naturschilderungen, die zwar dem Absatz ihrer Bücher zugute kommen, nicht jedoch deren Qualität. Allein bis zur Jahrhundertwende erscheinen vier Romane, zwei Novellenbände sowie zwei – allerdings erfolglose – Theaterstücke Clara Viebigs im Verlag Fontane. Der Misserfolg auf der Bühne trifft die Dichterin. Dem Theater gehört ihre – offensichtlich unerwiderte – Liebe. Da ihr der Erfolg versagt bleibt, pflegt sie einen gewissen Hang zum Theatralischen im praktischen Leben, so wird später ihr Sohn Ernst behaupten.

Der ebenfalls im Jahr 1900 veröffentlichte Roman

»Weiberdorf« gilt schon als Bestseller. Er erzählt vom Leben der Frauen im Eifeldörfchen Eisenschmitt, deren Männer, Söhne und Liebhaber als »Gastarbeiter« in die Kohlengruben und Fabriken an der Ruhr gezogen sind und nur zweimal im Jahr nach Hause kommen. In der übrigen Zeit führen die Frauen das Regiment, bestellen die Felder, bändigen die Kinder und nehmen es mit der ehelichen Treue nicht so genau. Die Tina »loderte« um den Peter herum »wie eine Flamme um ein dünnes Holzscheit und züngelte und leckte, bis dass er Feuer fing«. Seine Frau tröstete sich derweil mit dem Gendarm.

Natürlich erkennen sich die Menschen im »Weiberdorf« und anderen in Viebigs Werken beschriebenen Eifelflecken wieder. Und als das Ehepaar Cohn im nahen Manderscheid seine Sommerferien verbringt, rotten sich die Frauen, ermuntert von der »Ketzerei der Pfaffen«, zusammen – »Furien, die, wie sie drohten, mich mit ihren Mistgabeln pieken und mir die Haare ausreißen wollten«, berichtet die Autorin. Vorsichtshalber verlässt das Ehepaar sein Feriendomizil nur noch mit einem Revolver in Cohns Tasche, ein Gendarm wird in der Nähe stationiert und die Feuerwehr zu einer Übung aufgeboten …

Cohn liest die Manuskripte seiner Frau, bespricht mit ihr, was sie geschrieben hat, kritisiert und macht Verbesserungsvorschläge. So rät er, einen misslungenen Anfang umzuschreiben, eine zusätzliche Figur in die Erzählung einzufügen; er weiß, wie man ein Buch dem Zeitgeschmack gemäß ausstatten muss, zum Beispiel mit einer Illustration von Max Liebermann oder einer Zeichnung von Heinrich Zille auf dem Umschlag;

Cohn sorgt für Anzeigen und Besprechungen. Durch seine Verbindungen zu Zeitungen und Zeitschriften bringt er Claras Manuskripte in der populären »Gartenlaube« und in der »Berliner Illustrirten Zeitung« als Vorabdruck unter, im sozialdemokratischen »Vorwärts« wie auch in Blättern des liberalen bis gemäßigt konservativen Bürgertums, und er handelt dafür horrende Honorare aus. Die Zeitungen mögen gern Deftiges, Volkstümliches, so wie Zilles Zeichnungen aus dem »Milljöh« von Dirnen, Zuhältern, Pennern und Verbrechern. Am allerliebsten aber mögen die vielen neuen Blätter Erfolgsgeschichten – Berichte von kleinen Leuten wie Mine in »Das tägliche Brot«, die den Beweis liefern, dass man es in Berlin zu etwas bringen kann, dass es in der Hauptstadt immer nur aufwärts geht. Den Umschlag dieses Buches ziert denn auch eine Zeichnung von Heinrich Zille.

Clara Viebig weiß, was gefällt. Bereits in ihren ersten Ehejahren mausert sich die einst »sitzen gebliebene alte Jungfer« aus dem kargen mütterlichen Witwenhaushalt zur weithin anerkannten Schriftstellerin – unterstützt von einem verständnisvollen Ehemann, aber auch dank ihres Fleißes, ihrer Begabung und dem unbeirrbaren Entschluss, anzuschreiben gegen alles, was sich schickt. Sie ergänzen sich, Fritz und Clara. Noch ist nicht sichtbar, was sich bald ahnen lässt: Der Schatten, den das Werk der Erfolgsautorin wirft, wird größer sein als das, was ihr Mann als Verleger zustande bringt.

Kommen Sie, Cohn! Lassen Sie uns teilhaben auch an Ihrem Geschick!

»Herrlichen Zeiten entgegen«

Das 19. Jahrhundert geht zu Ende. Am letzten Tag zieht
der Theaterkritiker Alfred Kerr eine gespaltene Bilanz
einer »grandiosen«, aber auch »konfusen« Zeit: Man
»jagt in sechs Tagen von Europa nach Amerika«, man
könne »von einem Weltteil zum anderen Nachrichten
blitzen«, von einem Land zum anderen »eigenstimmig
plaudern«, »Geldschränke von außen durchleuchten«
und »in menschliche Leiber hineinsehen«; es sei inzwischen möglich, »Eisenbahnzüge in allen Stadien der
Bewegung« zu fixieren und »die Bewegung in Bildern«
wiederentstehen zu lassen; und an der Seine erbaue
man »einen wahnwitzigen Turm (…), höher als der
Turm zu Babel und alle Bauwerke der Welt. Kurzum:
die Zeit ist aus den Fugen (…). Was will das werden?
Fragen sich alle, blicken einander von der Seite an und
sagen: wir wissen es nicht. (…) Adieu, Leser. Es schadet
nicht, wenn wir einer dem anderen für den neuen Zeit-
abschnitt recht viel privates Glück wünschen«.

Das 20. Jahrhundert beginnt. Anders als Kerr sprüht
Cohn vor Optimismus. Industrie, Technik und Wissenschaft bescheren den Menschen ständig Neuerungen,
die das bisherige Leben einschneidend verändern. Besonders im Kaiserreich. Auf den Meeren kreuzen Lu-
xusdampfer, neue Ozeanriesen wie der 1912 in Hamburg getaufte »Imperator«, mit 277 Meter Länge das

größte Schiff seiner Zeit, ein schwimmender Palast. In den Straßen der autoverrückten Stadt Berlin fahren immer mehr »Benzinkutschen«, Unter den Linden muss schon 1902 der erste Polizist eingesetzt werden, um das Verkehrschaos zu regeln. In der Nähe der Cohn'schen Wohnung wird ein Teilstück von Europas erster Hochbahn eröffnet, mit dem Bau der U-Bahn hat man sogar schon sechs Jahre früher begonnen. Der Kommerzienrat Adolf Jandorf erkennt, wie wichtig eine moderne Verkehrsanbindung für den geschäftlichen Erfolg künftig sein wird, und errichtet am Berliner Wittenbergplatz, direkt gegenüber dem U-Bahnhof, das Kaufhaus des Westens, das KaDeWe, mit unvorstellbaren 24 000 Quadratmetern Verkaufsfläche auf fünf Etagen! 1907 wird das »Adlon« am Pariser Platz feierlich eingeweiht, in der Hotelhalle eine Riesenbüste Wilhelms II., aber auf den Zimmern modernste Sanitärtechnik, die vor allem die amerikanischen Gäste zu schätzen wissen. In der Friedrichstraße, von der Mark Twain nach einem Berlin-Besuch behauptet, sie habe mehr Kneipen als Hausnummern, macht der erste Schnellimbiss auf, ein so genanntes »Speise-Getränke-Automaten-Restaurant«. In Berlin ist immer was los!

»Wir stehen an der Schwelle der Entfaltung neuer Kräfte«, wird Wilhelm II. nicht müde, seinen Untertanen einzuhämmern. »Das neue Jahrhundert wird bestimmt durch die Wissenschaft, inbegriffen die Technik, und nicht wie das vorige durch die Philosophie. Dem müssen wir Rechnung tragen.« 1911 wird die Kaiser-Wilhelm-Gesellschaft zur Förderung der Wissenschaften gegründet – mit ihrer Hilfe soll die »wissenschaftliche Mobilmachung« erfolgen. Der Kaiser unterstützt das Projekt, er findet die Forschung mindestens so »aufregend wie die Pirsch auf einen Zwanzigender«. Die Industrie wird bei der Finanzierung dieser von allen Lehrverpflichtungen befreiten Forschungseinrichtung, die sich in den nächsten Jahren als Kaderschmiede für Nobelpreisträger bewähren wird, kräftig mit zur Kasse gebeten. Jüdische Bankiers und Industrielle zeigen sich besonders spendierfreudig, großzügiges Mäzenatentum, so hoffen sie, werde ihnen gesellschaftliche Anerkennung eintragen, vielleicht sogar den Aufstieg in den Kreis der kaiserlichen Günstlinge. Zehn Millionen Mark treiben Friedrich Althoff, der zuständige Universitätsreferent im Preußischen Kultusministerium, und seine Gehilfen für das »deutsche Oxford« ein. Sie durchforsten regelmäßig die Steuerunterlagen nach besonders wohlhabenden Bürgern, schreiben diese im Namen des Kaisers an und rufen zu Großzügigkeit auf – »Einkreisung des Edelwilds« nennen die Spendeneintreiber das.

Unter Wilhelm II. wandelt sich Deutschland endgültig vom Agrar- zum modernen Industriestaat. In der Chemie- und Elektroproduktion überrundet das Kaiserreich bald darauf Großbritannien und die USA. Allein bei der »Allgemeinen Elektricitätsgesellschaft« (AEG) sind 1912 fast 50000 Menschen beschäftigt. Berlin gilt als technisch und wirtschaftlich fortschrittlichste Stadt Europas, als Laboratorium der Moderne, als Magnet für Pioniere – nicht nur im Wirtschaftsleben, sondern auch in den Geisteswissenschaften und den Künsten.

Und auf allen Gebieten, in Wissenschaft und Kultur wie auch im Geschäftsleben, haben jüdische Mitbürger beträchtlichen Anteil am Fortschritt. Emil Rathenau ist Chef der AEG, Gerson Bleichröder hat das inzwischen größte Bankhaus Berlins gegründet, im Verlagswesen tun sich die Zeitungsgründer Rudolf Mosse und Leopold Ullstein hervor; Fritz Haber gilt als Deutschlands führender Chemiker, und der Maler Max Liebermann gründet 1898 die einflussreiche »Berliner Secession«, eine Gruppe oppositioneller Künstler, die – sehr zum Verdruss des Kaisers – alljährlich Werke ausstellt, die vom etablierten Kunstbetrieb nicht goutiert werden, bei den Besuchern aber großen Anklang finden. Alfred Kerr ist einer der populärsten Theaterkritiker, Sigmund Freud und Alfred Adler gelten als die Väter einer neuen Wissenschaft, der Psychoanalyse, die sich dem Unbewussten zuwendet. Arnold Schönberg revolutioniert die Musik mit seiner Zwölftonmusik. Max Reinhardts Deutsches Theater hat einen weit über Berlin hinausreichenden Ruf als interessantestes Bühnenspiel.

Der Erfolg der deutschen Juden weckt bei ihren christlichen Mitbürgern Neid, schürt Aggressionen. Cohn übersieht das nicht: Es gibt inmitten der Moderne mittelalterliche Vorurteile gegen seinesgleichen. Denn trotz ihrer gesetzlich festgeschriebenen Gleichberechtigung können Juden immer noch nicht Offiziere, Richter oder höhere Beamte werden. Fontanes Freund Moritz Lazarus kann an der Berliner Universität nur als Gastprofessor lehren, eine ordentliche Professur wird ihm verweigert. Der Staat soll christlich bleiben. Der berühmte Historiker Heinrich von Treitschke hat schon Jahre zuvor in einem Artikel für die angesehenen »Preußischen Jahrbücher« gegen die Vorherrschaft der Juden gewettert, die Deutschlands Börsen und Zeitungen beherrschten und zu einer wachsenden Gefahr würden: »(...) in Tausenden deutscher Dörfer sitzt der Jude, der seine Nachbarn wuchernd aufkauft. Am gefährlichsten aber wirkt das unbillige Übergewicht des Judentums in der Tagespresse. (...) Die Juden sind unser Unglück.« Treitschkes Artikel ist ein Schock. Denn dieser Historiker hat großen Einfluss auf das deutsche Bildungsbürgertum. Von prominenter christlicher Seite protestiert allein der Historiker Theodor Mommsen, wie Treitschke Professor an der Berliner Universität, gegen dieses »Evangelium der Intoleranz«.

Aber von solchen Rückschlägen will sich Cohn nicht schrecken lassen. Wie oft schon hat er bedauert, dass er in seinen jungen Jahren nicht in New York geblieben ist, wo er einen Teil seiner kaufmännischen Ausbildung gemacht hat. Neuyork nennt man die Stadt zu dieser Zeit noch, die wie keine andere den rasenden wirtschaftlichen Aufstieg der Vereinigten Staaten verkörpert. Aber das Heimweh hat Cohn zurück nach Berlin getrieben. Diesmal will er teilhaben am Aufschwung, er will dabei sein. Diesem Fortschritt, davon ist er überzeugt, wird auf Dauer auch der trübe Fleck, der Judenhass, weichen müssen. »Ich führe Euch herrlichen Zeiten entgegen«, verspricht Seine Majestät der Kaiser. Cohn glaubt ihm. Zukunftsfreudig blickt er nach vorn.

Ganz anders sein Geschäftskompagnon Friedrich Fontane, der sich lebenslang nur ungern an die Jahrhundertwende zurückerinnern wird. Die Geschäfte laufen nicht so flott wie in den vorangegangenen Jahren, als der Vater noch lebte. Und auch im privaten Leben gibt es Wirrnisse und Ungemach.

Seit über einem Jahrzehnt ist er nun schon mit

Fräulein Hett liiert. 1892 hat die Modistin ihm einen Sohn geboren, und jetzt, 1901, kommt wiederum ein uneheliches Kind, die Tochter Thea, auf die Welt. In den zwanziger Jahren wird Thea de Terra, wie sie dann heißt, im kleinen Dixie über die Berliner Avus brausen und sich als Rennfahrerin einen Namen machen. Ein weiteres Jahrzehnt später verhilft sie von ihrem schweizerischen Wohnsitz aus Berliner Juden zur Flucht nach England oder Amerika. Doch jetzt, nach Theas Geburt, drängt deren Mutter, sie und die Kinder endlich von der »Schande« zu befreien; sie will Frau Fontane werden. Der Name Fontane für zwei unehelich geborene Kinder? Das scheint Theo, dem älteren Bruder von Friedrich Fontane, gar nicht geschmeckt zu haben – er hat offensichtlich seinen Einfluss geltend gemacht, um die Heirat zu verhindern. Kaum anzunehmen, dass er weiß, dass auch sein eigener Vater uneheliche Kinder in die Welt gesetzt hat.

Ganz ungelegen scheint Friedrich die brüderliche Intervention nicht gekommen zu sein. Denn zu eben dieser Zeit macht er bei einem Kuraufenthalt die Bekanntschaft einer jüngeren Witwe, Dina Toerpisch, deren ansehnliches Vermögen in das Unternehmen des Fontane-Sohnes eingebracht werden könnte, um das immer mal wieder dümpelnde Verlagsgeschäft flottzumachen. Und so entschließt er sich, Dina zu seiner Frau zu machen. Die betrogene Modistin Hett drängt auf Entschädigung. Also gut. Gegen Zahlung einer entsprechend hohen »Abfindungssumme« erklärt sich ein Herr R. bereit, mit Fräulein Hett zunächst aufs Standesamt zu gehen und danach zu einem Scheidungsanwalt. Zusätzlich wird zwischen dem Verleger und seiner bisherigen Geliebten ein Erbvertrag geschlossen, der sowohl der Mutter – nach der Scheidung weiterhin Frau R. – als auch den beiden Kindern eine beträchtliche Nachlasssumme sichert.

Ist er zu ausschließlich mit seinen privaten Querelen beschäftigt, oder ist der Fontane-Sohn als Unternehmer einfach nicht gewieft genug, den Wandel und Aufschwung auch im Verlagswesen um die Jahrhundertwende zu erkennen und rechtzeitig Schlüsse daraus zu ziehen? Hat der Mann nicht begriffen, was die Einführung der elektrischen Beleuchtung für den Buchhandel bedeutet? Emil Rathenaus AEG versorgt die Stadt mit Strom. Und als dann auch noch die Glühbirne vom mundgeblasenen Einzelstück zur billigen Massenware wird, hält sie Einzug in die Haushalte. Jetzt können Berufstätige auch am Abend nach der Arbeit, ja, wenn sie wollen, weit bis in die Nacht hinein Bücher lesen! Und so ist es denn auch nicht verwunderlich, dass 1900 in Deutschland mehr Bücher erscheinen als in jedem anderen Land: fast 25 000 Titel! Besonders der Absatz der Schönen Literatur nimmt ständig zu. 1886 gründet Samuel Fischer, der Schwiegersohn von Rudolf Mosse, in Berlin seinen S. Fischer Verlag. Zu seinen Autoren zählen Gerhart Hauptmann und Hugo von Hofmannsthal, Thomas Mann und Hermann Hesse. Und bald wird S. Fischer zum größten deutschen Buchverlag aufsteigen. Da heißt es, Flagge zeigen als Verleger, sonst droht der neue Konkurrent einem bald das Wasser abzugraben!

Aber Friedrich Fontane scheint weder für die zunehmende Konkurrenz noch für den Aufschwung der Lesekultur Augen zu haben. Sein Verlag gerät zunehmend unter finanziellen Druck. In dieser Situation greift der Verleger immer häufiger zu unseriösen Marketingstrategien. Schon einige Jahre zuvor hat er einen peinlichen Rückzieher machen müssen, nachdem er die Übersetzung von Tolstois »Auferstehung« im »Börsenblatt« vollmundig als »einzig autorisierte, einzig vollständige Ausgabe« angekündigt hatte, wogegen ein Petersburger Verleger heftig protestierte. Jetzt versucht Friedrich, durch eine Vielzahl von Mehrfachverwertungen der Werke seines Vaters, seiner »cashcow«, der finanziellen Bredouille zu entkommen. Er wirft Sonderdrucke auf den Markt, die keineswegs so sorgfältig ediert sind, wie der Vater es gewollt hätte. Wenige Jahre später verkauft er die Rechte des Verlags nach und nach an Samuel Fischer, 1918 selbst die seines Vaters – und Fischer macht Fontanes Romane zu Zugpferden seiner »Bibliothek zeitgenössischer Romane«. Aber nicht einmal dieser Ausverkauf kann Friedrichs Firma noch sanieren: 1928 wird der Friedrich Fontane Verlag aus dem Firmenregister getilgt.

Seine Teilhaber, Egon Fleischel und Fritz Cohn, haben sich rechtzeitig von dem glücklosen Verleger getrennt. Fleischel hat das große Geld, Cohn den Kopf und die Kontakte, beide besitzen Unternehmergeist und Mut, und so beschließen sie 1903, sich selbstständig zu machen und die »Verlagsbuchhandlung Egon Fleischel & Co« zu gründen.

Verlage für hebräische Literatur und jiddische Bücher gibt es in Berlin genug – den Jüdischen Verlag beispielsweise, den Martin Buber und Chaim Weizmann 1902 ins Leben gerufen haben. An so eine Unternehmensgründung denken Cohn und Fleischel nicht. Sie wollen zu jenen »Kulturverlegern« gehören, die seit der Jahrhundertwende von sich reden machen und weit über ihr Geschäftsinteresse hinaus als Partner, Gleichgesinnte und Freunde ihrer Autoren wirken. Begabter Nachwuchs wie auch etablierte Schriftsteller sollen Anregung und Förderung erfahren, künstlerisch beraten werden. Solche Kulturverlage kommen nicht ohne einen neuen Berufszweig aus, den des Lektors. Bei Cohn wird er Dr. Karl Goldmann heißen.

Ein Marder in »Claras Haus«

Treibt den sonst so Besonnenen der Übermut? Oder ist er ein so reicher Mann, dass er es sich ohne weiteres leisten kann, 1903 einen Verlag zu gründen und obendrein auch noch eine teure Villa zu erwerben? Jedenfalls steigt Friedrich Theodor Cohn eines Tages mit seiner Frau in die Wannseebahn und fährt mit ihr nach Zehlendorf, einen vornehmen Villenvorort im Südwesten von Berlin. Dort, in der ruhigen Königstraße 3, steht das Haus eines früheren Kollegen seines Vaters zum Verkauf: eine zweigeschossige, hellgelb gestrichene Villa mit zehn Zimmern, großen Fenstern und von schmiedeeisernen Gittern umrahmten Balkonen. Clara ist begeistert.

In diesen Jahren, als Berlin wächst und wächst, immer unübersichtlicher, turbulenter, verworfener und lauter wird und mehr und mehr Schornsteine das Stadtbild prägen, zieht, wer auf sich hält, gern ins Grüne. Der Verlag liegt zwar ein gutes Stück entfernt, aber die Wannseebahn bringt Friedrich in 25 Minuten an seinen Arbeitsplatz. Die Entfernung ist also kein Problem – Friedrich unterschreibt den Kaufvertrag und lädt auch seine Schwiegermutter ein, mit ihnen in der Königstraße einzuziehen.

Zunächst einmal lassen die neuen Besitzer die Villa gründlich renovieren und einen Wintergarten anlegen, in dem die künftige Hausherrin Kakteen, Palmen und sogar die tropische Passionsblume züchten will. In die Balkonbrüstung des ersten Stocks wird der liebevolle Ehemann ein »Wappenzeichen« schmieden lassen: »Claras Haus«. Fünfzig Jahre, bis zu ihrem Tod, wird es, wenngleich mit kriegsbedingter Unterbrechung, ihre Heimstatt bleiben.

Es dauert nicht lange, und dann steht eines Tages der Möbelwagen vor der Tür, Packer tragen die Einrichtung aus der Berliner Wohnung in das neue Haus: erst das »Herrenzimmer« mit Schreibtisch, Likörschränkchen und einem großen Bücherschrank, die Glasscheiben von innen mit grüner Seide bespannt; dann das Speisezimmer mit den großen schweren Eichenmöbeln und dem gewaltigen Büfett mit Aufsätzen, Nischchen, Säulen, und schließlich die dunkelgrün gebeizten Möbel im modernen Jugendstil für Claras Arbeitszimmer im Dachgeschoss – die Hausherrin richtet sich ganz in dem von der Zeitschrift »Jugend«, der »Illustrierten Wochenschrift für Kunst & Leben«, propagierten Stil der neuen Zeit ein.

Der Wandschmuck für die einzelnen Räume entspricht dem üblichen Geschmack der Wohlhabenden. Im Speisezimmer werden die bemalten Bauernteller aufgehängt, gegenüber Frau Viebigs Schreibtisch Reproduktionen eines Christuskopfes mit der Dornenkrone und eines Raphael-Gemäldes. Wie in vielen bürgerlichen Haushalten der Zeit fehlen auch bei den Cohns weder Böcklins goldgerahmte »Toteninsel« noch das Flurtischchen mit dem Zinnteller für die Visitenkarten der Gäste. Und auf dem Büfett im Speisezimmer hängt in einer Art Grotte eine besondere Attraktion: ein Delphin aus Zinn, aus dessen Maul durch den Schwanz eingeführtes Wasser in ein Muschelbecken läuft – zum Händewaschen nach dem Speisen. Die Cohns legen, wie damals im Bürgertum üblich, viel Wert auf die repräsentative Innenausstattung der Räumlichkeiten.

Rings um das Haus ein großer Garten! »Es blüht und duftet um mich von Rosen und Jasmin und Lindenblüten«, freut sich die Hausherrin, »die Obstbäume hängen mit Früchten gesegnet, schon röten sich Kirschen und Johannisbeeren.« Pfirsiche wachsen am Spalier, Haselnusssträucher und Walnussbäume geben reiche Ernten. Und vor dem Haus reckt eine riesige alte Linde ihre Zweige empor, vor deren imposanter Schönheit viele vorbeiflanierende Spaziergänger bewundernd stehen bleiben. Mehrere Stunden am Tag wird die Pflege von Blumen, Bäumen und Sträuchern Frau Viebig künftig zuweilen in Anspruch nehmen, aber Gartenarbeit entspannt und lenkt ab von dem nächsten Romanmanuskript da oben in der Dachmansarde. Im Herbst verwandelt sich die Schriftstellerin dann in eine tüchtige deutsche Hausfrau, die Hunderte von Gläsern einmacht, mit Äpfeln, Birnen und Gurken, Marmeladen kocht und Kürbis einlegt. Später erleichtert der moderne »Einweck-Apparat« diese wochenlange Arbeit. Der Ehemann teilt Claras Liebe zu den Pflanzen. Er legt Mistbeete zur frühen Anzucht des Gemüses an, veredelt Rosen und züchtet Artischocken – eine Rarität im Norden Deutschlands.

Das Mittagessen wird bei den Cohns später als bei den Nachbarn eingenommen. Man wartet auf den Hausherrn. Wenn der am frühen Nachmittag nach

Hause kommt, ruft Clara ihre Mutter und den Sohn zu Tisch, und bevor der Diener die Speisen aufträgt, wird gebetet. Cohn, die Suppe löffelnd, wendet sich meist liebevoll der Schwiegermutter zu, erkundigt sich nach ihrem Wohlergehen. Die Witwe Viebig weiß nicht oft und laut genug zu preisen, welch guten und fürsorglichen Schwiegersohn sie hat. Clara hingegen kann Zeit ihres Lebens nicht die Kämpfe vergessen, die sie mit der Mutter auszufechten hatte; denn die betrachtete die Schriftstellerei der Tochter als »überflüssige Spielerei«. Höflich, gewiss aber nicht allzu herzlich wird man sich das Verhältnis der beiden Frauen vorzustellen haben. Für die Mutter, so klagt Clara Viebig viel später, »gab es noch kein Recht der Kinder, nur ein Recht der Eltern (…). Die Mutter war die Stärkere, ich habe mich allezeit beugen müssen.«

Von ihrem Mann hingegen fühlt Clara Viebig sich als Schriftstellerin anerkannt. Nach der kurzen Mittagsruhe liest sie ihm gern vor, was sie am Vormittag geschrieben hat, und möchte seine Meinung dazu hören. Zeit seines Lebens wird Cohn der kenntnisreichste und anregendste Kritiker ihrer Texte bleiben.

An manchen Tagen reitet das Ehepaar mit dem Sohn noch ein Stündchen um den nahen Schlachtensee. Fritz Cohn im weißen Reitanzug und einem hellen runden Hut, mit seinem langen Oberkörper und den kurzen Beinen ein untersetzter Herr, sitzt stolz in seinem Sattel und schaut heiter und zufrieden in den Tag. Das Leben ist schön! Den Bart trägt er wie der Kaiser mit den nach oben gezwirbelten Spitzen – die Pomade der Marke »Es ist erreicht« hilft dem Mann von Welt, ihn jeden Morgen in Form zu bringen.

Abends geht der Verleger oft allein ins Theater oder in ein Konzert; seine Frau schätzt solche Vergnügungen sehr zum Ärger ihres Mannes wenig. Sie fühlt sich durch den Sohn, den Garten und das Schreiben schon überlastet. Längst spürt sie in diesen Jahren die Kehrseite des Erfolgs: Täglich bringt der Briefträger Post mit zahlreichen Autogrammwünschen, und jedes Erscheinen eines neuen Buches wird von anstrengenden Lesereisen begleitet. Zur Erholung fährt die Mutter mit Ernst und dem Kindermädchen jedes Jahr mehrere Wochen in die Eifel, nach Bad Bertrich, oder auch nach Süddeutschland, in die Schweiz und nach Tirol. Zum Ende der Ferien kommt der Vater und verbringt die restlichen Tage mit der Familie.

Im oberen Stockwerk von »Claras Haus« wird das für die Hausarbeit zuständige Personal einquartiert: Köchin Alwine, eine Frau für die große Wäsche, zwei Dienstmädchen in schwarzen Kleidchen und schneeweißen frisch gestärkten Schürzen. Die Hausherrin legt Wert auf Ordnung, Pünktlichkeit und auf Distanz zwischen den Herrschaften und dem Personal. Besuche eines Freundes oder Bräutigams in der Küche sind gar nicht oder nur in sehr beschränktem Maß erlaubt.

Zu den Obliegenheiten eines Dieners namens Eugen gehören das Silberputzen, die Bedienung der Herrschaften bei Tisch und auch die Pferdepflege. Will die Familie ausreiten, muss Herr Eugen die Pferde aus dem Tattersaal herbeiführen. Der herrschaftliche Diener mit seinem gestutzten Bärtchen und der »Schmalztolle« kann die Hausherrin ob seiner Begriffsstutzigkeit manchmal in Zorn versetzen und manchmal ob seines vornehmen Gehabes erheitern. Fragt sie ihn, wo ihr

Sohn gerade sei, erwidert er: »Herr Ernst befinden sich auf dem Closé.« Eine Leuchte seines Berufsstandes, das muss Madame zugeben, ist dieser Diener nicht, »aber wenigstens eine ehrliche Haut«. Meint sie.

Da wird Herr Eugen sie eines Besseren belehren: Eines Tages verschwindet er mitsamt der Garderobe des Verlegers und dem Silber aus dem Schrank. Alwine, die um einiges ältere Köchin, bleibt tränenüberströmt als sitzen gelassene Geliebte zurück. Die Polizei erwischt den Unehrlichen im Smoking des Bestohlenen und mit einem großen Silbertablett, das er gerade verscherbeln will, und enttarnt Claras »ehrliche Haut« als einen mehrfach vorbestraften »Paletotmarder«. Und nicht nur das – hätten die Eltern erfahren, wovon Ernst, ihr Sohn, in seinen später aufgeschriebenen »Memoiren« berichtet, wären sie wohl vollends aus allen Wolken gefallen: Herr Eugen pflegte nämlich im Nebenberuf eine »eindrucksvolle Fülle von Damenbekanntschaften« und verstand es, eine ebenso eindrucksvolle Sammlung einschlägiger Fotos dieser »Damen« an den Mann zu bringen, womit er zur frühen »Aufklärung« von Ernst beitrug.

Nun aber sitzt der »Marder« im Käfig, die Cohns atmen auf und stellen wieder einmal fest: Es lebt sich angenehm in Zehlendorf. Die Hausfrau findet für den Einkauf alles, was sie braucht, in den neu eingerichteten, dicht beieinander liegenden Geschäften rings um den Bahnhof. Auf dem Wochenmarkt bieten die Bauern aus Caputh ihr frisch geerntetes Gemüse und die Obsthändler aus Werder ihre frühen Kirschen an. Das Dienstmädchen trägt den Einkaufskorb, und Madame spaziert auf der Hauptstraße zurück in ihre Villa, vorbei an den auf Kundschaft wartenden Droschken-kutschern mit ihren glänzenden schwarzen Zylindern und den weiten Mänteln, vorbei an dem Achtung gebietenden Ortspolizisten mit der Pickelhaube. Ammen in malerischer Spreewaldtracht kutschieren die Sprösslinge der Herrschaft in hochrädrigen Kinderwagen durch die Gegend, und zwischen ihnen schlängeln sich Männer auf modernen Fortbewegungsgeräten durch die Gegend, die Hände auf Lenkstangen gelegt und mit den Füßen auf Pedalen, die zwei gleich große Räder, eins vorne, eins hinten, antreiben. Fahrräder nennt man diese seltsamen Vehikel, wie geschaffen scheinen sie für den sportlichen Mann.

Für den Mann? Weit gefehlt! Bald bedient sich auch die emanzipierte Frau dieses neuen Verkehrsmittels. »Die Gattinnen radeln«, beobachtet der spitzzüngige Alfred Kerr, sie »tragen keine Röcke, sondern breite bauschige Hosen, an deren Form man sich nur schwer gewöhnt«. Die Knesebeckstraße in Berlin-Charlottenburg hat man zu einer für den übrigen Verkehr gesperrten »Lehrbahn« erklärt. Hier können die Damen unter Anleitung eines Herrn Meyer »die ersten Strampelversuche« machen. »Treten, treten!«, brüllt Herr Meyer aufmunternd einer ungelenken Schülerin zu, »sie tritt, zwei Meter weit, dann sieht man sie erbleichen und sinken hin …« Die auf diszipliniertes Auftreten bedachte Clara, die von ihrem Fritz bald ein Fahrrad geschenkt bekommt, wird sich kaum an einem solchen öffentlichen Schauspiel beteiligt haben. Aber im Grunewald gibt es Hunderte von diskreten Ecken, stille Waldwege, wo man sich unter Ausschluss der Öffentlichkeit mit dem neuen Gefährt vertraut machen kann.

Allerdings, an schönen Wochenenden ist es vorbei mit der Stille. Dann fallen Tausende erholungsbedürftiger und unternehmungslustiger Berliner aus der hektischen Großstadt in den stillen Vorort ein, kaufen am Potsdamer Platz eine Fahrkarte für zwanzig Pfennig pro Person – die erste Klasse kostet einen Groschen mehr – und fahren nach Zehlendorf oder in die umliegenden Landgemeinden Wannsee und Nikolaussee sowie in die Gutsbezirke Dahlem und Pfaueninsel, durchstreifen die dichten Wälder, wandern um die stillen Seen, schlendern am Havelufer entlang und kehren schließlich in eins der neuen Ausflugslokale ein. Dann bleiben die wohlhabenden Zehlendorfer lieber in ihren gepflegten Gärten, spielen Tennis oder reiten auf den für Fußgänger gesperrten Reitwegen durch den Wald. Und am Abend besuchen sie vielleicht eine Veranstaltung des »Vereins zur belehrenden Unterhaltung«, in dem auch das weibliche Geschlecht willkommen ist – zu der Zeit keineswegs eine Selbstverständlichkeit.

Clara lässt sich hier gern unterhalten und belehren. Fritz hingegen zieht es vor, an den Wochenenden zum Mittagessen oder am Abend zu kleinen literarischen Soireen einzuladen. Nein, nicht jene wohlhabenden Bankiers und Industriellen oder in der Gründerzeit reich gewordenen Geschäftsleute, die sich wie die Cohns um die Jahrhundertwende in Zehlendorf angesiedelt haben, und auch nicht die zugezogenen Offizierswitwen mit den hohen Erbschaften und Pensionen, sondern Künstler und Wissenschaftler aus der Hauptstadt und der näheren Umgebung. Ganz in der Nähe wohnt der amerikanische Maler und Graphiker Lyonel Feininger, der später an dem berühmten »Bauhaus« in Weimar und Dessau unterrichtet, bis Goebbels auch seine Werke als »entartete Kunst« diffamiert und Feininger Deutschland 1937 verlässt. Mit 61 Jahren muss er »mit ganzen zwei Dollar in der Tasche«, wie er resignierend an einen Freund schreibt, in Amerika wieder von vorn anfangen. Ob er bei den Cohns verkehrte, weiß man nicht.

Jedenfalls, oft setzt sich der Verleger an seinen Schreibtisch, nimmt das Briefpapier mit dem Abbild seiner schönen Villa aus der Lade und formuliert mit seiner schwungvollen Handschrift seine Einladungen: zum Beispiel die Künstler, die die Umschläge zu Claras Romanen entworfen haben, den berühmten Maler Max Liebermann und den kauzigen Zeichner Heinrich Zille, »Pinsel Heinrich«, wie man ihn nennt, der in den Hinterhöfen des Berliner Nordens aufzeichnet, was er dort, bei den Pennern, den Waschfrauen, den abgemagerten Kindern, sieht. Oder den skurrilen, weit gereisten Freund von Gerhart Hauptmann und Thomas Mann, Herbert Eulenberg, einen Romantiker, wie er sich selbst nennt, der Theaterstücke schreibt und dessen Drama »Kassandra«, verlegt bei Cohn, gerade uraufgeführt worden ist. Neben Eulenberg könnte man den Kunsthistoriker Dr. Karl Goldmann am Speisetisch platzieren, der als Lektor für den Verlag des Hausherrn tätig ist und eine besondere Zuneigung zu dem kleinen Ernst gefasst hat und oft mit ihm wandern geht.

Die Dame des Hauses unterhält sich gern mit dem Anthroposophen Rudolf Steiner, auch er ein geschätzter Gast der Cohns, der zuweilen mit Fritzens Halbbruder Franz Colmers in der literarischen Szene Berlins unterwegs ist. Für Steiner holt Clara nach dem Essen ihre Eifelbilder von den Wänden im Dachgeschoss, und Fritz bringt für alle, die es noch nicht kennen, das Fontane-Foto mit der persönlichen Widmung des Dichters aus seinem Arbeitszimmer, um es stolz am Tisch herumzuzeigen.

»Proletarische Manieren«

Montagmorgen. Der kleine Ernst reibt sich die Augen;
der Sonntag ist vorbei, er muss wieder früh aufstehen
und in die Schule gehen. Das fällt ihm schwer, er hasst
die Schule. Der Vater steht schon auf dem Bahnhof, um
in den Verlag zu fahren. Die Mutter räumt geschäftig
im Haus herum, kümmert sich um die alte Dame Viebig oder sorgt dafür, dass das eingemachte Obst aus
dem Garten, die Gläser mit den gelben Birnen, den
Pflaumen und den Beeren, in den Keller kommen. Oft
sitzt sie auch schon früh an ihrem Schreibtisch und arbeitet an einem neuen Werk. Für ihren Sohn hat sie nur
wenig Zeit. In seinen »Memoiren« schreibt Ernst von
den »dunklen Erinnerungen« an die frühen Jahre, als
er oft stundenlang, eingepfercht in ein Kinderstühl-
chen, in seinem Zimmer verbringen musste, während
die Schriftstellerin ihrer Arbeit nachging. Nur wenn
Ernst krank ist, gehört die Mutter ihm. Dann sitzt sie
stundenlang an seinem Bett und liest ihm vor, bis der
Sohn einige Jahre später selbst die Bücher aus der großen Bibliothek der Eltern holen kann und Tolstoi und
Dostojewski, Maupassant und Balzac, Zola und Di-
ckens ihn die Einsamkeit in der »fremden Welt« seines
Elternhauses vergessen lassen.

Ernst ist ein oft kränkelndes Kind, gepeinigt von einem hartnäckigen Bronchialkatarrh und von Asthma;

er wird in Sanatorien geschickt, zum Wintersport angehalten und muss zahlreiche Abhärtungskuren über sich ergehen lassen; erst in den dreißiger Jahren wird ein Arzt, der sich neuerer Testverfahren bedient, die Angorakatzen der Mutter als Auslöser von Ernstens Allergie ausfindig machen.

Aber nicht nur die labile körperliche Verfassung des Sohnes macht den Eltern zu schaffen. Ernst ist auch ein schwieriges Kind, das ihnen immer wieder Kummer bereitet. Oft sitzt das Ehepaar abends zusammen und zerbricht sich den Kopf über den Widerspenstigen. Ernst ist trotzig, sprunghaft und voller Unrast. Statt sich um die Schularbeiten zu kümmern, wandert er lieber mit dem Kindermädchen in den Machnower Forst, um Pilze zu sammeln. Wird er zu sehr verwöhnt?

In der Schule ist er in den meisten Fächern ein schlechter Schüler, obwohl die Eltern ihn mit Hilfe eines Hauslehrers ein Jahr lang sorgfältig darauf vorbereitet haben. Nicht nur bei den Lehrern, sondern auch bei seinen Mitschülern hat Ernst es schwer. Nur zu gern quälen sie diesen »verhätschelten Judenjungen«. Aber wenn Ernst am Mittagstisch von seinem schulischen Kummer erzählen will, wird er von der Mutter barsch unterbrochen: »Kinder reden bei Tisch nur, wenn sie gefragt werden.« Im Hause Viebig-Cohn wird, besonders von der Hausherrin, auf Disziplin und Gehorsam gepocht. Es war nicht immer einfach, vor hundert Jahren als wohlerzogener Bürgersohn aufzuwachsen.

Aber Ernst will weder ein wohlerzogenes Bürgerkind sein, noch sich in den Schulbetrieb einfügen – er begehrt immer wieder auf gegen diesen »Drill«, der die Schüler »zu Herdenvieh« mache. Nur durch Vermittlung seiner berühmten Mutter kann er am ehrwürdigen Hohenzollerngymnasium verbleiben. Aus dem Konfirmandenunterricht wird er ausgeschlossen, weil er es an Respekt fehlen lässt und alles, was der Pastor den Schülern erzählt, mit unbotmäßiger, geradezu ketzerischer Widerrede in Frage stellt. Dass er überhaupt zur Konfirmation zugelassen wird, hat er ebenfalls nur dem diplomatischen Geschick der Mutter zu verdanken. Und dann auch noch das! Bei der Feier im Kreis der Verwandten und Freunde des Hauses reißt er sich den neu erstandenen Lord-Byron-Anzug mit dunkelblauer Samtjacke, hochgestelltem Kragen und Spitzenjabot trotzig herunter, den die Mutter ihm zusammen mit den Lackpumps für teures Geld gekauft hat, und erscheint zu Tisch in seinem Matrosenanzug, wie ihn alle Jungen aus gutem Hause aus Begeisterung für die Flottenpolitik des Kaisers tragen – aber doch bitte nicht zu diesem feierlichen Anlass! Zu bändigen ist der Junge nicht. Macht man ihm Vorwürfe, gerät er so sehr aus dem Häuschen, dass er nur schwer wieder zu beruhigen ist. Hat der herzensgute und doch zuweilen zum Jähzorn neigende Vater ihm sein heftiges Temperament vererbt? Was soll bloß aus dem Jungen werden?

Fremd fühlt sich der Sohn in der konservativen Welt seiner Eltern. Einen breitrandigen Strohhut mit hochgestellter Krempe muss er zur Schule tragen, von einem Gummiband unter dem Kinn gehalten – zum Gespött seiner Mitschüler, die ihm den »grotesken Hut« vom Kopf reißen und auf den Fahrdamm werfen. Protestiert Ernst zu Hause gegen diese Bekleidung, die ihn von anderen trennt, fallen »hochmütige Sätze meiner Eltern: Kümmer dich nicht um diese Lausbuben, diese proletarischen Manieren, sei stolz und geh deiner eigenen Wege«. Und das tut Ernst, und wüssten seine Eltern mehr davon, wären sie sicher noch verzweifelter über den ungeratenen Sohn.

Schon in der Lützowstraße, wo die Familie früher wohnte, fühlt er sich gerade zu den »proletarischen Manieren« des älteren debilen Hauswartssohnes hingezogen, der ihn zum Bülowplatz lockt, wo das bunte Leben tobt und wilde Brachenflächen die Jungen zu abenteuerlichen Spielen reizen. Schon in der Lützowstraße ist Ernst, da er das Arbeitszimmer seiner Mutter ohne ausdrückliche Erlaubnis nicht betreten darf, meist in der Küche zu finden, beim »Personal«. Und wenn »Madame« nicht zu Hause ist, kommt trotz ihres ausdrücklichen Verbots der Bräutigam der Köchin vorbei, ein Feldwebel, und zusammen mit dem Jungen schmettern alle den Gassenhauer »Der schönste Platz, den ich auf Erden hab, das ist die Rasenbank am Elterngrab« oder »Ha'm se nicht den kleinen Cohn jeseh'n? / Sah'n se ihn denn nicht vorüberjeh'n? / In des Volkes Menge / da kam er ins Gedränge. / Da ham'se nun den Schreck: Der Cohn ist weg!«.

Auch später wird Ernst bevorzugt Bekanntschaften pflegen, die seinen Eltern nicht recht sind, besonders mit allerlei »Frauenzimmern«, denen er früh zugetan ist. Dem Vater stiehlt er schon mal Geld aus dem Portemonnaie, um gegenüber dem weiblichen Geschlecht die Spendierhosen anziehen zu können. Fritz Cohn, dem solche Kontakte angesichts der desolaten Schulkarriere seines Sprösslings ein Dorn im Auge sind, revanchiert sich: Ist er zu Hause, wenn eines der von Ernst verehrten Mädchen anruft, spielt er gern mit verstellter

Stimme den Sohn, der die Angebetete zu deren Verblüffung kühl abweist. Oft gibt es zwischen den beiden Männern des Hauses heftige Auseinandersetzungen. Nur wenn sie allein, ohne Clara, verreisen, erlebt Ernst den Vater »viel weicher, fröhlicher und aufgeschlossener« als in Gegenwart der Mutter.

Früh erweist sich, dass Ernst im Gegensatz zu seinen Eltern wenig Anpassungsbereitschaft zeigt. Zu Hause fühlt er sich nur am Klavier. Stundenlang kann er die Finger über die Tasten gleiten lassen, selbst kleine Kompositionen bringt er schon früh zustande. Seine Vertonung von Mörikes Gedicht »Zum neuen Jahr« soll gar in der Kirche vorgespielt werden, aber Ernst wird an dem Tag der Aufführung von Fieber geschüttelt vor lauter Aufregung. Wenige Jahre später wird erkennbar, dass Ernst ein hochbegabter Musiker ist, er komponiert, er dirigiert, und bei Freunden seiner Eltern darf er auch den zum »darling« der Berliner Gesellschaft avancierten berühmten Physiker Albert Einstein beim Geigenspiel auf dem Klavier begleiten.

Fröhlich wird der Junge in diesen Zehlendorfer Jahren nur, wenn sich Verwandtschaft zu Besuch anmeldet: Mutters Bruder Ferdinand, der mit einer Tante des späteren Reichsmarschalls Hermann Göring verheiratet ist, oder Vaters Schwester, die liebenswürdige Tante Käthe. Die Vorbehalte der Cohns gegen die Nichtjüdin Clara sind längst verflogen. Zusammen besucht man, wenn es sich ergibt, den Weihnachtsgottesdienst, steckt die Kerzen am geschmückten Baum an und singt die schönen alten Weihnachtslieder der christlichen Gemeinde.

Richtig spannend wird es, wenn sich Vaters abenteuerlustiger Halbbruder Franz ansagt, der sich schon frühzeitig in Colmers umbenennen lässt und zum Katholizismus konvertiert – was seiner Schwägerin, der eingeschworenen Protestantin Clara Viebig, kaum gefallen haben dürfte. Ernst aber bewundert »Onkel Franz«. Denn der ist weit herumgekommen und hat viel zu erzählen.

In jungen Jahren hat er sich mit den schillerndsten Figuren der literarischen Szene herumgetrieben und mit anderen zusammen 1900 im Nollendorf-Casino in der Kleiststraße, ganz in der Nähe der Cohnschen Wohnung, den Club »Die Kommenden« gegründet, in dem sich ein buntes Völkchen von Intellektuellen, Schriftstellern und Anarchisten zusammenfindet: Else Lasker-Schüler, Stefan Zweig, Erich Mühsam und der Sexualforscher Magnus Hirschfeld. Im Club werden jeden Freitag von zehn Uhr abends oft bis in die frühen Morgenstunden hinein Lesungen veranstaltet, moderiert und geleitet von Rudolf Steiner, dem gern gesehenen Gast im Hause Cohn-Viebig. Im Club »kam das Heterogenste zusammen«, erinnert sich Stefan Zweig, »Dichter und Architekten, Snobs und Journalisten, junge Mädchen, die sich als Kunstgewerblerinnen oder Bildhauerinnen drapierten, russische Studenten und schneeblonde Skandinavierinnen«. Man hört Vorträge, diskutiert die neuesten naturwissenschaftlichen Erkenntnisse und sucht nach »Überwindungen der Gegensätze« der Zeit. Sowohl arrivierte Literaten, Schriftsteller von Rang, »denen nichts ferner lag als revoltierender Ansturm gegen gefestigte Kulturwerte«, wie der Clubbesucher Erich Mühsam spottet, präsentieren hier ihre Werke ebenso wie »altbackene Familienunterhalter, deren literarisches Schaffen außerhalb hausbackener Familienunterhaltung nirgends zur Erörterung stand«. Die rebellierenden »jugendlichen Götzenzertrümmerer« (Erich Mühsam) sind offensichtlich in der Minderheit. Ein Jahr nach Gründung erscheinen im Selbstverlag die ersten Veröffentlichungen der »Kommenden«, redigiert von Franz Colmers.

Franz ist ein Abenteurer, der die »reizvolle Stimmung übermütigen Zigeunertums« schätzt. Vom Roten Kreuz lässt er sich als Feldarzt im Russisch-Japanischen Krieg in die Mandschurei schicken, um humanitäre Hilfe zu leisten und Erfahrungen in der Feldchirurgie zu sammeln. Die Handgranate, so schreibt er in seinem Bericht, sei ein neues »äußerst inhumanes Geschoß«, das durch internationale Vereinbarungen als Waffe geächtet werden sollte. Auf diesem Einsatz knüpft er Kontakte zu einigen gekrönten Häuptern Europas. Die russische Großfürstin hat einen Sanitätszug spendiert, in St. Petersburg wird Colmers mit anderen gar von der Zarin empfangen, und als der versierte Chirurg 1912 in Sofia arbeitet, wirbt die bulgarische Königin Eleonore ihn als medizinischen Berater an. Franz macht Karriere, er wird Geheimrat und Mitglied im Preußischen Herrenclub, er »gehört dazu«. Die Familie ist sehr stolz auf ihn.

Cohns Erfolgsautoren

Doch noch aufregender als Verwandtenbesuch und
Onkel-und-Tanten-Mitbringsel ist es für den jungen
Ernst, wenn sich Journalisten in der Königstraße melden, die die berühmte Autorin Clara Viebig interviewen
wollen, wenn Briefträger Packen mit Autogrammwünschen und Bettelbriefen armer Leute bringen, Buchhändler von überall her um Lesungen und Maler die
Verehrte bitten, ihnen für ein Porträt zu sitzen.

Und nun noch das! 1905 möchte der Hoffotograf Ni-
cola Perscheid Clara Viebig samt Sohn für ein Titelfoto
der weit verbreiteten »Berliner Illustrirten« aufnehmen. Eine außerordentliche Ehre, ist das Cover doch
gewöhnlich nur Politikern, Boxstars, Generälen oder
Filmdiven vorbehalten. Die Mutter zieht die schlichte
weiße Bluse und den langen hellen Faltenrock an, Ernst
darf seinen geliebten Matrosenanzug von der Firma
Arnold Müller tragen, und der Fotograf drückt ihm
einen Zinnsoldaten in die Hand. So posieren Mutter
und Sohn für eine Porträtserie auf den Stufen des neuen
Wintergartens. Der stolze Vater bestellt gleich mehrere
Dutzend Exemplare der Ausgabe mit dem Titelbild, um
sie an Verwandte, Freunde und Kollegen zu verteilen.
Für die Autorin ist dieser prominente Erscheinungsort
Gratiswerbung, den Viebig'schen Buchumsatz wird das
beflügeln.

Über Mangel an geschäftlichem Erfolg kann Fritz Cohn ohnehin nicht klagen. Von Jahr zu Jahr steigt die Produktion des neuen Verlags Fleischel & Co. Im Gründungsjahr erscheinen fünfundzwanzig Bücher, 1905 sind es schon dreiundvierzig. Mehrere angesehene oder doch weithin beliebte Autoren können gewonnen werden. Zum Beispiel der Freiherr Georg von Ompteda, Sohn eines Hofmarschalls und Verfasser von beliebten Gesellschafts-, Militär-, Alpen- und Liebesromanen mit hohen Auflagen. Zum Beispiel der erst Anfang zwanzigjährige Stefan Zweig und Lulu von Strauß und Torney, die später den Verleger Eugen Diederichs heiraten wird und sich den Ruf erwirbt, zu den bedeutendsten Balladendichterinnen des 20. Jahrhunderts zu gehören.

Die Autoren sind bekannt. Aber wer ist Fleischel, der Mitinhaber? Er, der Namensgeber des Verlages, bleibt der große Unbekannte im Leben des Fritz Cohn. Rätselhaft bleibt auch, warum man sich schon nach drei Jahren der Zusammenarbeit wieder trennt. Cohn wird der Alleininhaber von Fleischel & Co. 1909 verkauft er einen Teil des Verlages an Cotta in Stuttgart. Doch noch im Jahr der Trennung von Fleischel gelingt es ihm, den Autor Georg Hermann an den Verlag zu binden – ein Glücksgriff, wie sich bald zeigen soll. Denn Georg Hermann, der eigentlich Georg Borchardt heißt, sich aber den Vornamen seines Vaters als Pseudonym zugelegt hat, wird zum Erfolgsautor.

Mit Cohn teilt er die Herkunft aus einer angesehenen kaufmännischen Familie, aber anders als bei Fritz war Georg Hermanns Kindheit nach dem finanziellen Bankrott seines Vaters von Armut, Gerichtsvollziehern und Pfändungen überschattet. In seinen Romanen wird er fast immer von jenen schreiben, die es nicht »geschafft« haben, von den Schwachen, den Armen, den Alten, den Lebensuntüchtigen. Sich selbst sieht er auch so. Dass er die Schule ohne Abitur verlässt, ist für einen Sohn aus gutbürgerlichem Hause ein Makel, der Georg Hermann zeit seines Lebens zu schaffen macht. Drei Jahre lang besucht er als Gasthörer die Universität, um die Scharte auszuwetzen und sich »ein paar Löcher in den Mantel meiner Unbildung zu reißen«.

Nach dem Schulabschluss findet er eine Anstellung als Lehrling und Gehilfe in einem Krawattengeschäft. Schon da schreibt er Geschichten, dann auch Essays und Feuilletons über Rembrandt, Max Liebermann und das Berliner Biedermeier. Georg Hermann ist ein »Linker«, dabei aber frei von jedem politischen Dogmatismus. Viel eher gibt Heinrich Heines »Wintermärchen« seine politischen Träume wieder: »das Himmelreich auf Erden« zu errichten. Und Hermann engagiert sich für die soziale und gewerkschaftliche Organisation der Autoren, 1909 gehört er zu den Gründern des »Schutzverbandes deutscher Schriftsteller«. Wie Cohn fühlt auch Georg Hermann sich als ein untrennbar mit der Kultur des Landes verwachsener Deutscher, die größere Aufgeschlossenheit gegenüber der internationalen Moderne müsse dazu doch keineswegs in Gegensatz stehen! »Wenn wir deutschen Juden mehr international und kosmopolitisch betont sind, so wollen wir noch lange nicht unser Deutschtum aufgeben, sondern wollen weiter nichts tun, als die Fenster aufmachen, um in ein Zimmer, in dem die Luft dumpf und muffig geworden ist, neue Luft hereinzulassen.«

Den Durchbruch als Romanautor schafft er als Dreißigjähriger mit »Jettchen Gebert«, der leicht sentimentalen Geschichte einer jungen hochgesinnten Jüdin aus dem Berliner Biedermeier, »die sich an ihrer Umgebung reibt, die liebt, die leidet und (...) an ihrer Entschlußlosigkeit förmlich erstickt« (Peter Härtling). Die Kritiker sind begeistert, und einige vergleichen den jungen wachen Mann mit seinem Gespür für Spannungen und Veränderungen in der Gesellschaft sogar mit Theodor Fontane oder nennen sein Werk »die jüdischen Buddenbrooks«.

So rollt bei Cohn und Fleischel dank Georg Hermann die Goldmark.

1933 muss der Erfolgreiche mit seinen vier Töchtern vor seinen nationalsozialistischen Verfolgern nach Holland flüchten. Wie so viele andere im Exil quälen auch ihn finanzielle Nöte. Er ist gezwungen, demütigende Bettelbriefe zu schreiben. Am 16. November 1943 wird er nach Auschwitz deportiert. Er muss geahnt haben, welches Schicksal ihn erwartet; 1934 hat er im Vorwort zu seinem Roman »Der etruskische Spiegel« über den Schluss von Geschichten geschrieben: »Es gibt auch solche, die in Nichts münden, sich verflüchtigen wie Gas. Die in den leeren Raum verwehen. Ohne Bestand, ohne Hoffnung, ohne Spuren. (...) Vielleicht ist da noch ein alter Metallspiegel, in einem schlichten Lackschrein bewahrt, blank und silbern. Er nimmt kaum einen Hauch an, wirft dir dein Bild zurück, so daß du nicht mehr sagen kannst, ob du das Bild bist, oder das Bild du, und dir Schein und Wirklichkeit ganz ineinanderfließen. Sonst aber wirst du nichts mehr in dieser letzten, windzerrissenen Einsamkeit finden; keine Gegenwart, keine Zukunft, keine Erinnerung, kein Lachen mehr, und was schlimmer ist ... keine Tränen. Und sobald der Spiegel wieder in seinen Lackschrein zurücktaucht, so wird dein Bild darin verloschen sein, sich gelöst haben, wie dieser Wolkenfetzen da oben im Blau, der einen Augenblick dahintrieb und nun in Licht und Sonne inmitten seiner Bahn in regenbogenschillernde Atome zerspellte, unerbittlich sich löste, verschwand und dem Auge spurlos wie Salz im Wasser zerging.«

Noch hundert Jahre nach seiner Erstauflage wird Georg Hermanns Geschichte von dem gebildeten, empfindsamen und klugen jüdischen Mädchen »Jettchen Gebert« aus dem Berlin des 19. Jahrhunderts nachgedruckt und gekauft. Cäsar Flaischlen dagegen, auch er einer der Bestseller-Autoren von Cohns Verlag, wird zu unserer Zeit kaum noch gelesen; im 21. Jahrhundert sind die Poesiealben, die sich mit seinem Namen verknüpfen, aus der Mode gekommen. Aber wenn heute Enkelinnen ihre Großmütter danach fragen, was es denn mit diesen Alben auf sich habe, so wird manche alte Dame ein über die Zeiten hinweg aufbewahrtes, fein gebundenes, meist quadratisches Büchlein aus der Schublade kramen, auf jeder Seite in Schönschrift einen Glückwunsch oder eine gereimte Lebensweisheit lesen, die Freundinnen oder Anverwandte hineingeschrieben haben. Und selbst noch in der Nazizeit gab es kaum ein solches Heft, in dem nicht ein ganz bestimmtes Gedicht des Autors Cäsar Flaischlen in drei Strophen oder auch nur in den acht Anfangszeilen der Besitzerin des Albums zugeeignet worden war: »Hab Sonne im Herzen, / ob's stürmt oder schneit, / ob der Himmel voll Wolken, / die Erde voll Streit! / Hab Sonne im

Herzen, / dann komme was mag! / Das leuchtet voll Licht dir / den dunkelsten Tag!« Dass der Autor dieser Zeilen Jude war, wer wusste das schon!

Flaischlen schreibt Spruchblätter, Lieder, Romane, auch ein Schauspiel, doch seine Gedichte sind am erfolgreichsten. Besonders nach dem Ersten Weltkrieg, als das Bedürfnis nach Rückzug und »innerer Einkehr« groß ist, kann seine bekannteste Lyriksammlung »Von Alltag und Sonne« gigantische Verkaufserfolge feiern. In poetischer Ausdruckskraft übertreffen ihn andere Autoren seiner Zeit, etwa Rudolf Alexander Schröder oder Hermann Sudermann, aber Flaischlens Auflagenhöhen, die in die Hunderttausende gehen, erreicht keiner. Seine »schlichte Weisheit«, so die Kritiker, tut den Menschen in der »tollen Hast und Unruhe« ihrer Tage gut, löst und spült hinweg, »was der Tag an Verdruß und Ärger brachte«. Also geduldig sein? Gelassen? Gottergeben? Dem widerspricht schon der junge Schriftsteller Frank Thiess, der selbst als Soldat im Ersten Weltkrieg gewesen ist. Flaischlen, so schreibt er, rufe auch dazu auf, sein Leben selbst in die Hand zu nehmen, zu wollen und nicht aufzugeben.

Cohn kennt den erfolgreichen Lebenshelfer bereits aus jenen Jahren, in denen Flaischlen Redakteur der elitären Kunstzeitschrift PAN gewesen ist, die damals bei Fontane erschien. Seit dieser Zeit ist er mit ihm befreundet. In seinen Briefen nennt er ihn »Lieber Cäsar« und unterschreibt mit »Ihr Fritz«. Häufig laden sich die Familien gegenseitig zum Essen ein. 1920, vor dem frühen Tod des gleichaltrigen Freundes, bietet der Verleger alle erdenkliche Hilfe für den krank in einem Sanatorium Liegenden an, der von einer Vortragsreise gesundheitlich schwer angeschlagen zurückgekommen ist. Fritz und auch Clara lieben diesen knorrigen und zugleich so weichen Menschen, »gütig und besorgt, treu auch in den kleinsten Dingen«.

Nach dem Erscheinen seiner beiden Erfolgsromane hat Flaischlen intensiv an einer »Bibel der deutschen Dichtung« gearbeitet, an einem umfangreichen literarischen Sammelwerk, versehen mit Einleitungen zu den aufgenommenen Werken, Textvergleichen, Quellennachweisen. Als der Autor das Ende seiner Riesenarbeit absehen konnte, brach der Weltkrieg aus. Viele Soldaten in den Schützengräben und auch in der Gefangenschaft sahen in der Lebensbejahung dieses »idealistischen Predigers«, so hat ihn Theodor Heuss genannt, »ein Stück seelischer Rettung«.

Alban Berg vertont schon 1906 eines der Gedichte Flaischlens: »So regnet es sich langsam ein / und immer kürzer wird der Tag / und immer seltener der Sonnenschein / Ich sah am Waldrand ein paar Rosen stehen (...) / Gib mir die Hand und komm (...) / Wir wollen sie pflücken gehen / Es werden wohl die letzten sein.«

»Durch dick und dünn, durch Not und Tod«

August 1914. Der Kaiser kennt keine Parteien mehr. Seine Majestät kennt »nur noch Deutsche«. Der Weltkrieg hat begonnen, und alle Deutschen sollen jetzt gegen den Feind zusammenstehen, sollen »ohne Stammesunterschied, ohne Konfessionsunterschied« durchhalten mit ihm, dem Kaiser, »durch dick und dünn, durch Not und Tod«. Dann werden sie Franzosen, Russen, Briten schlagen.

»Das wollen wir«, erklären die Parteien und bewilligen die Kriegskredite. »Das wollen wir«, bekennen die Geistlichen und beten für den Sieg der deutschen Waffen. Das tut auch Fritz Cohn. »Mein Volk sind die Deutschen, niemand sonst«, schreibt der spätere Reichsaußenminister Walther Rathenau. Die Juden sind für ihn, den Juden, »ein deutscher Stamm wie Sachsen, Bayern oder Wenden«. So denkt auch Fritz Cohn.

Dies ist der Augenblick für ihn und unzählige andere jüdische Bürger, überzeugend zu beweisen, dass sie echte deutsche Patrioten sind, wozu sie der »Centralverein deutscher Staatsbürger jüdischen Glaubens« noch am Tag der Kriegserklärung gegen Russland auch ausdrücklich auffordert: »In schicksalsschwerer Stunde ruft das Vaterland seine Söhne zu den Fahnen. Dass jeder deutsche Jude zu den Opfern an Glut und Blut bereit ist, die die Pflicht erheischt, ist selbstverständlich.

Glaubensgenossen! Wir rufen Euch auf, über das Maß der Pflicht hinaus Eure Kräfte dem Vaterlande zu widmen.« Endlich ist die Nation wie eine große Familie, die Vaterlandsliebe, schreibt Paul Rieger vom Centralverein, habe jetzt »alle Scheidewände niedergerissen«.

Mit dem gleichen selbstmörderischen Eifer wie die Nichtjuden melden sich die deutschen Juden freiwillig zum Militär. Etwa hunderttausend treten in die Reichswehr ein, etwa zweitausend dienen als Offiziere. Achtzigtausend kämpfen an der Front. Viele von ihnen werden mit Orden und Tapferkeitsmedaillen ausgezeichnet. Zwölftausend deutsche Juden fallen in den Schlachten dieses Krieges.

Zunächst ist fast jeder überzeugt, in ein paar Wochen werde der Feind geschlagen sein. Siegesgewiss verkündet der Kaiser seinen Soldaten, dass sie wieder zu Hause sein würden, ehe das Laub von den Bäumen fiele. »In der Heimat, in der Heimat, da gibt's ein Wiedersehen«, schmettern die durch die Städte ziehenden Soldaten. Die Menschen an den Straßenrändern jubeln ihnen zu und werfen ihren Helden Sträußchen frisch gepflückter Sommerblumen zu, die die ahnungslosen Jungen in die Läufe ihrer Gewehre stecken. In den Kneipen singen die Menschen »Drei Lilien, drei Lilien, die pflanz ich auf mein Grab«. Stimmen gegen die Kriegsbegeisterung wie die von dem Sozialdemokraten August Bebel, der sieht, dass der Krieg die »Götterdämmerung der bürgerlichen Welt« einläutet, gibt es kaum; der Wiener Schriftsteller und Dramatiker Arthur Schnitzler notiert in seinem Tagebuch am 5. August 1914: »Der Weltkrieg. Der Weltruin«. Aber er wie auch sein Landsmann Karl Kraus oder der Berliner Journalist Theodor Wolff bleiben einsame und angefeindete Warner in der Wüste. »Der penetrante Geruch nationalistischer Trunkenheit lag wie eine Wolke über Volk und Land«, erinnert sich Jahrzehnte später Ernst Viebig im brasilianischen Exil.

Cohn ist glücklich, dass jene Menschen, die ihm, dem Verleger, wichtig sind und denen er sich zugehörig fühlt, in diesen historischen Tagen so denken und so fühlen wie er. Sie sind überzeugt davon, dass die Überlegenheit der deutschen Kultur die deutsche Sache rechtfertige. Trunken vor Begeisterung jubelt die literarische Elite dem Kriegsgott zu. Döblin, Kerr und Schickele, Klabund, Arnold Zweig, Gerhart Hauptmann, Rilke und andere verfassen Hassgesänge gegen die Feinde und lassen Deutschland, Deutschland über alles leben. Sigmund Freud, der Wiener Jude, äußert später, dass es »noch niemals ein Ereignis« gegeben habe, das »so viele der klarsten Intelligenzen« so verwirrt habe.

Der Hurrapatriotismus wird auch dadurch nicht gemindert, dass die Militärbehörden alle Druckerzeugnisse auf das Schärfste kontrollieren, um jegliche »Störung des Burgfriedens« zu verhindern. Patriotische Einigkeit, so meinen viele Kriegsbegeisterte, sei wichtiger als Meinungsfreiheit.

Der »Börsenverein« bildet bald nach Kriegsbeginn einen »Gesamtausschuss zur Verteilung von Lesestoff im Felde und in den Lazaretten«, der bis März 1917 unentgeltlich über zehn Millionen Bücher liefert. Cohn ist dabei. Er stellt zahlreiche Exemplare der Werke Cäsar Flaischlens und anderer Erzeugnisse von Fleischel & Co. der Truppe zur Verfügung, auch eine Feldpostausgabe von Clara Viebigs »Kinder der Eifel« ist darunter. Cohn überlegt, wie er sonst noch dem raschen Endsieg dienen könnte. Soll er sich freiwillig zur Truppe melden? Dazu ist er zu alt. Aber er kann helfen, den Krieg zu finanzieren. Also legt er sein gesamtes Bankvermögen in Kriegsanleihen an. »Wer Kriegsanleihen zeichnet, verkürzt den Krieg«, verkünden Plakate an Litfasssäulen. Die Verzinsung ist hoch und der rasche Sieg der Deutschen gewiss. Wie Cohn denken viele. Hundert Milliarden Mark bekommt das Deutsche Reich auf diese Weise zusammen. Mit seiner Frau ist Cohn sich auch einig, dass darüber hinaus alles Kupfer, Zinn und Silber, das im Haus vorhanden ist, von den Dienstboten bei den dafür eingerichteten Sammelstellen zur Kriegsverwendung abgegeben werden soll.

Auch Clara jubelt mit. Sie schreibt flammende Aufrufe für Zeitungen und Zeitschriften, übernimmt einen Posten im Heimatdienst des Roten Kreuzes und geht mit ihrem 1902 verfassten Roman »Die Wacht am Rhein« auf Leserreisen. Darin erzählt sie die Geschichte eines königstreuen preußischen Feldwebels, der nach Düsseldorf versetzt wird und eine rheinische Gastwirtstochter heiratet. Die Handlung spielt Mitte des 19. Jahrhunderts. Die einen warten auf den Krieg, die anderen auf die Revolution. Und während der Feldwebel und die »wahren« Preußen darauf brennen, gegen den französischen »Erbfeind« loszuschlagen, bricht die Revolution von 1848 aus. Die wird niedergeschlagen, die Krieger dürfen 1870/71 endlich gegen Frankreich ziehen und erleben die Kaiserkrönung in Versailles. »Manch alter Achtundvierziger, manch roter Demokrat jubelte mit; alles Volk freute sich.«

Und ist es jetzt nicht wieder so? Alle Deutschen sind sich einig, und wieder wird der Krieg gewonnen werden – denken Clara und ihr Publikum. Und was denkt Ernst, der Sohn? Der erfährt auf einer Urlaubswanderung mit dem väterlichen Freund Dr. Karl Goldmann, dem Lektor im Verlag Egon Fleischel & Co., von dem Kriegsausbruch. Im Kurhaus von Bozen ist er wieder einmal mit einem Mädchen zum Tanz verabredet, als die Kapelle plötzlich einen Tusch spielt und der Conférencier des Abends den Gästen unter dem Jubel aller verkündet: »Meine verehrten Damen und Herren, soeben trifft die Nachricht ein, dass Seine Majestät der Deutsche Kaiser die Mobilmachung des Heeres und der Marine befohlen hat.« Die Kapelle spielt »Heil dir im Siegerkranz« und »Deutschland über alles«. Ernst sieht die Stunde gekommen, das Elternhaus, die Schule, all »den Zwang hinter sich zu lassen«, endlich »frei zu sein«, »Mann zu sein« und »Heldentaten zu vollbringen«.

Zu Hause angekommen, eilt der Siebzehnjährige von Kaserne zu Kaserne, um sich freiwillig zu melden. Überall das gleiche Bild: In langen Schlangen stehen ältere und auch junge Männer an, hauptsächlich Studenten, die das Gleiche wie Ernst Viebig wollen: Soldaten werden. Beim I. Gardedragoner-Regiment ist man bereit, den Übereifrigen trotz seines jungen Alters anzunehmen, weil er sein Pferd in die Kaserne mitbringen will. Doch verlangt man für das Jüngelchen eine Einverständniserklärung der Eltern. Stolz eilt Ernst nach Hause: »Hurrah! Ich bin Soldat, morgen muß ich in die Kaserne … ich hole mein Pferd und werde eingekleidet!«

»Ich habe kaum jemals meinen Vater so gebrochen gesehen wie an jenem Tag«, erinnert sich der Sohn. Fritz

Cohn, wenngleich ein politisch überzeugter Anhänger des Deutschen Kaisers, lässt nichts unversucht, Ernst zur Vernunft zu bringen. Wenn es um das Schicksal des geliebten Kindes geht, ist es vorbei mit Cohns Kriegsbegeisterung: »Du kommst immer noch zur Zeit ... mach erst dein Abitur ... warum mußt du das so überstürzen?« Doch Ernst bleibt unbelehrbar. Weinend unterschreibt der Vater das verlangte Schriftstück, steckt dem Jungen am nächsten Morgen reichlich Geld zu, damit er nicht nur auf den geringen Sold angewiesen ist, und schickt, geführt von Diener Ludwig, auch gleich noch die Rösser der Eltern mit in die Kaserne, zur Pferde-Sammelstelle für die Offiziere.

Zwei Monate später informiert die Mutter einen Bekannten über den Entschluss des Sohnes: »(...) ich bin stolz darauf, wenn auch mein Herz zittert. Gott schütze ihn und jeder Mutter Sohn!« Die Mutter bangt zu Recht: Ernst liegt in den Schützengräben in Frankreich an der Somme, wo fast sein gesamtes Regiment aufgerieben wird, kommt dann bis kurz vor Ausbruch der Russischen Revolution nach Russland und wird wieder zurück nach Frankreich kommandiert. An seinem 21. Geburtstag steckt er in einem Kreideloch in der Champagne, den Kopf mit dem Stahlhelm vor den Geschossen der englischen Tiefflieger schützend. Zu dieser Zeit wird er seinen überstürzten Entschluss, ausgerechnet beim Kriegskommiss die Freiheit suchen zu wollen, längst bedauert haben: »Ich war in das Getriebe einer gigantischen Maschine geraten, hatte die Freiheit gesucht und die ekelhafteste Form der Sklaverei, den Kadavergehorsam, gefunden.«

Das Ende der alten Welt

Ernüchterung setzt ein, auch an der »Heimatfront«. Die Juden sehen sich um die Hoffnung betrogen, der Krieg würde ihnen endlich die gebührende Anerkennung seitens ihrer christlichen Nachbarn bringen. Das Gegenteil tritt ein: Je deutlicher sich die militärische Selbstüberschätzung des Kaisers zeigt, desto leidenschaftlicher wird nach einem Sündenbock gesucht. »Je mehr Juden in diesem Krieg fallen, desto nachhaltiger werden ihre Gegner beweisen, dass sie alle hinter der Front gesessen haben, um Kriegswucher zu betreiben«, notiert Walther Rathenau hellsichtig bereits am 4. August 1916. »Der Hass wird sich verdoppeln und verdreifachen.«

Zwei Monate später, im Oktober 1916, ordnet der Kriegsminister eine »Judenzählung« an, um festzustellen, wie viele Juden an der Front dienen. Damit soll allen vor Augen geführt werden, dass die Juden weichlicher und feiger als andere sind. Das Ergebnis fällt anders aus als die Initiatoren gehofft haben – achtzig Prozent der jüdischen Soldaten stehen an der Front und nicht »in der Etappe« – und wird nicht veröffentlicht, »aus Respekt gegenüber jüdischen Gefühlen«, so lautet die offizielle Begründung.

1917, im dritten Kriegsjahr, jubelt keiner mehr. Nicht mehr vor den Kasernen stehen lange Schlangen, sondern nun vor den Geschäften. Es fehlt an Fleisch und Fett, an Gemüse und an Brot. Es gibt Ersatzkaffee, Ersatzzucker und Ersatzmilch. Bestimmte Waren werden nur gegen Bezugsscheine abgegeben. Aus den Balkonkästen der Häuser sind die rosaroten Geranien verschwunden, jetzt werden Tomatenstauden darin angepflanzt. Konfektionsgeschäfte bieten Hemden aus Papierstoff an. An den Straßenrändern hocken bettelnde verwundete Soldaten mit ihren Krücken; Pflegerinnen schieben Rollstühle, in denen Männer ohne Beine sitzen; an ihren Jacken blitzt das Eiserne Kreuz. Im Winter fehlt es an Kohlen, die Menschen frieren. Ausreichend vorhanden sind nur noch Kohlrüben. Sie schmecken süß und faul und liegen schwer im Magen.

Bürger, die sich 1914 vor Begeisterung nicht zu lassen wussten, treffen sich jetzt in Hinterräumen von Lokalen und fordern sofortige Friedensverhandlungen. Als im April 1917 und im Januar 1918 die Lebensmittelrationen gekürzt werden, streiken die Berliner Metall- und Munitionsarbeiter und fordern ihrerseits die unverzügliche Einstellung aller Kriegshandlungen.

Zu dieser Zeit erscheint Clara Viebigs »Töchter der Hekuba«, ein »Roman aus unserer Zeit«, in dem um alle gefallenen Väter und Söhne getrauert wird. Ihr eigener Sohn ist mit dem Leben davongekommen. Halb verhungert und verlaust steht er eines Tages vor dem Haus der Eltern in der Zehlendorfer Königstraße.

Ob Krieg, ob Frieden, Fritz Cohn fährt jeden Wochentag morgens mit der Wannseebahn nach Berlin, in den Verlag. Eines Abends berichtet er nach seiner Rückkehr, rot vor Empörung, von Soldaten, die mit roten Armbinden ganz in seiner Nähe einen jungen

Offizier ergriffen und ihm die Kokarde von der Mütze sowie die Achselstücke von den Schultern gerissen haben. Andere, auch das erlebt Cohn, zerbrechen fluchend ihre Gewehre und werfen sie aufs Pflaster.

War der Verleger vielleicht am 8. November 1918 abends nach der Arbeit der Einladung der UFA zur festlichen Voraufführung ihres neuesten Films »Carmen« mit der schönen Pola Negri in der Hauptrolle gefolgt? »Der Champagner war absolut perfekt gekühlt«, erinnerte sich die Schauspielerin. »Später hörte ich ein ungenaues Geräusch in der Ferne … Gewehrschüsse.«

Am nächsten Tag um neun Uhr morgens beginnt der Generalstreik in Berlin. Zehntausende strömen zusammen und marschieren zum Reichstag. Arbeiter schwenken rote Fahnen und fordern den Rücktritt der Regierung. Am Mittag übergibt Reichskanzler Max von Baden sein Amt an den Sozialdemokraten Friedrich Ebert. Dessen Parteifreund Scheidemann ruft die deutsche Republik aus. Der Kaiser muss abdanken. Für den kaisertreuen Friedrich Cohn bricht eine ganze Welt zusammen. Und was nun?

Zu beneiden ist Friedrich Ebert wahrlich nicht. Der Sozialdemokrat tritt ein schweres Amt an, als er beauftragt wird, eine vorläufige Regierung zu bilden, bis richtige Wahlen zu einer Nationalversammlung stattfinden können. Das Land befindet sich in einem chaotischen Zustand. Millionen kommen aus dem Krieg zurück und wissen nicht, wohin. Überall im Lande bilden sich Arbeiter- und Soldatenräte.

Zehlendorf wird zum Notstandsgebiet erklärt. Der Bürgermeister schreibt Reichskanzler Ebert, seine Gemeinde sei entschlossen, »sich auf den Boden der neuen

Verhältnisse zu stellen«. Der im Ort gebildete Soldatenrat wird informiert, dass der Gemeindevorstand »mit allem Nachdruck am Aufbau aller Einrichtungen (...) arbeiten« wolle, »die geeignet sind, dem sozialen Frieden zu dienen und die Leiden und die Schäden der Kriegszeit zu lindern«.

Die Revolution hat gesiegt, der Krieg ist verloren. Und die Viebig-Cohns sind einen erheblichen Teil ihres Vermögens los. Nicht nur die Kriegsanleihen sind futsch, sondern auch jene Gelder, die Cohn in Goldmark angelegt hat, verlieren ihren Wert, da die Reparationsforderungen der Alliierten erheblich zum ruinösen Verfall der Mark beitragen. Von 1918 bis zum Sommer 1921 rutscht ihr Kurs für einen Dollar von vier Mark zwanzig auf fünfundsiebzig Reichsmark ab.

Auf den Sohn wirkt der Vater nach den vier Kriegsjahren wie ein Greis. Als die radikalen Linken, die Spartakisten, am 5. Januar 1919 in der Reichshauptstadt Barrikaden bauen, um die Revolution voranzutreiben, fürchtet Cohn nervös, ja panisch, »daß der hungrige Pöbel die eleganten Villenvororte überfallen und die Villen plündern könnte«. Widerstandslos will er dem nicht gegenüberstehen. Er holt aus dem Schreibtisch einen alten eingerosteten Trommelrevolver hervor und schießt bei der Überprüfung der Waffe dem Sohn versehentlich ins Bein. Der muss zur Operation ins Krankenhaus. Der Vater ist völlig aufgelöst. Selbst als sich zeigt, dass die Aufständischen die politische Stimmung im Lande ganz falsch eingeschätzt haben und die meisten Deutschen von Sozialismus nichts wissen wollen, sondern einfach nur kriegsmüde sind, ist er noch nicht wieder ganz zu beruhigen.

Der »Schreckschuss« hat nicht nur das Familienidyll in der Zehlendorfer Königstraße zerbrochen. Cohn ahnt, dass mit dem Ende des wilhelminischen Zeitalters und dem Chaos der Niederlage alle bisher gültigen Ideale verloren und begraben sind, mit denen er aufgewachsen ist – Pflichtbewusstsein und Untertanentreue, Anstand, Fleiß und Ordnung. An deren Stelle, so sieht es auch Clara, sind Wirrnis, Anarchie und Korruption getreten. Auch Vaterlandsliebe soll nichts mehr gelten. Ihm bricht schier das Herz!

Von dem »Pöbel« wendet er sich angewidert ab. Zwar besaß der Vater ein offenes Herz und eine gebende Hand für die Mühseligen und Beladenen, das muss der Sohn ihm zugestehen; »aber er verabscheute die Masse, war Individualist reinsten Wassers«, schreibt Ernst. »Es gab diesen geistigen Hochmut, dieses Überlegenheitsgefühl des assimilierten deutschen Juden, das eigentlich einem Unterlegenheitsgefühl entsprang und dessen Unsicherheit sich mit der Sehnsucht nach einem völligen Aufgehen im anderen Volke mischte«, vermerkt die Jüdin Lola Landau selbstkritisch in ihren Memoiren.

Im Unterschied zu seinem konservativen Vater und der ähnlich konservativen Mutter geht der Sohn mit einem verzückten neuen Zukunftsglauben, »mit fliegenden Fahnen ins revolutionäre Lager« über. Er will sich mit den Arbeitern verbünden, die für Gerechtigkeit kämpfen. Am Beginn einer neuen Epoche will er das Seine dazu beitragen, einen neuen Menschen zu erschaffen, tatkräftig, solidarisch, edel, und mit solchen neuen Menschen eine bessere Gesellschaft erbauen, eine weltweite, grenzenlose Internationale der Liebe und Gerechtigkeit. Die Eltern sprechen von wirklichkeitsferner Schwärmerei; wann wird der Sohn »zur Besinnung kommen«?

Der ist weit davon entfernt. Nach den harten Kriegsjahren nimmt er sein »altes Lotterleben« wieder auf. Von einer Tante hat er die stolze Summe von 60 000 Mark geerbt, und damit lässt sich doch allerhand anfangen. »Ich war mündig, und niemand konnte mich hindern, das Geld so zu vergeuden, wie ich es für wünschenswert hielt.« Die Freundschaft mit dem Kunsthistoriker Karl Goldmann hat sein Verständnis für die Moderne, für die Avantgarde geweckt. Er geht in Museen, ins Theater, in die Oper, er hört die »Elektra« und die »Salome« von Richard Strauss und »Sacre du Printemps« von Igor Strawinsky, er knüpft Freundschaften zu Mary Wigman, die den Tanz revolutioniert, und er versäumt keine Inszenierung des großen Max Reinhardt am Deutschen Theater. Aber das ist nicht alles: Von dem Geld wird ein kanariengelbes Auto mit roten Rädern erstanden, das fortan von »Herrn Schiller« chauffiert wird. Im vornehmen Hotel »Fürstenhof« am Leipziger Platz mietet Ernst eine ganze Zimmerflucht, wo er die Tage mit einer »drittklassigen Blondine« verbringt. In den Nächten zieht er durch die einschlägigen Lokale und Bars und schmeißt serienweise Runden mit Champagner und Kaviar.

Der Vater macht dem Treiben seines volljährigen Sohnes schließlich ein Ende. Er hat Beziehungen zu einem Mitglied im Aufsichtsrat der Mitteldeutschen Creditbank, bei der Ernst Viebigs Erbschaft geparkt ist. Die Bank droht Ernst mit der Polizei, weil er die Blondine bei der Hotelrezeption als seine »Gattin« und sich selbst als »Dr. Viebig« hat eintragen lassen. Die Blonde zieht von dannen, ihre wenigen Habseligkeiten in einem Pappkarton unter dem Arm und von Ernst mit einem riesigen Strauß aus der teuren Blumenhandlung Rothe verabschiedet, der Sohn wieder ins Elternhaus nach Zehlendorf. Der Rest auf dem Bankkonto schwindet in der bald darauf einsetzenden inflationären Geldentwertung dahin.

Der ungeratene Sohn erweist sich wieder einmal als unbelehrbar. Schon bald schleppt er eine neue Liebschaft an, mit der er zur Abwechslung im teuren »Excelsior« absteigt. Diesmal handelt Fritz Cohn gleich kurz entschlossen: Er droht, den Gatten der Neuen herbeizurufen, falls sie nicht binnen einer halben Stunde ihre Sachen gepackt habe. Der Sohn gewöhnt sich irgendwann an diese wiederholten »Einmischungen« des Vaters, sie ersparen ihm oft, selbst den Schlussstrich zu ziehen, wenn die »hell lodernde Flamme der Liebe« schon längst einer »matten Glut« gewichen ist.

Neue Zeiten

1924 feiert Fritz Cohn seinen 60. Geburtstag – Zeit,
Bilanz zu ziehen. Schon einige Jahre vorher hat Cohn
sich gefragt: Ist es in diesen unsicheren Zeiten sinn-
voll, den relativ kleinen Verlag allein weiterzuführen?
Es gibt genügend Gründe, die dagegen sprechen. Die
Geldentwertung nimmt von Jahr zu Jahr rapide zu.
1923 hat die Inflation ihren Höhepunkt erreicht. Ein
Bändchen aus Reclams Universalbibliothek, früher für
zwanzig Pfennige erhältlich, kostet jetzt 330 Milliarden
Papiergeld. Gehälter werden täglich ausgezahlt, am
besten schon mittags, damit man bis abends mit dem
Geld noch etwas ergattern kann. Wer in diesem Wett-
rennen der Langsamere ist, dem bleibt nichts als wert-
loses Papier. Von dem Schriftsteller Maximilian Bern
wird erzählt, er habe alle seine Ersparnisse, mehr als
hunderttausend Mark, von seinem Konto abgehoben,
damit eine U-Bahn-Karte erworben, um noch einmal
durch Berlin zu fahren, sich dann in seiner Wohnung
eingeschlossen, um dort zu verhungern.

In verschiedenen Teilen des Landes, in Hamburg und
in Mitteldeutschland, kommt es auch noch Jahre nach
der Revolution zu Protest und Aufruhr. Wem steht
angesichts solcher Zustände der Sinn danach, in Buch-
läden zu schmökern und einen Roman zu kaufen? Die
Menschen leben als Bettler mit Millionen in der Tasche.

Arbeitslose warten vor den Stempelstellen stundenlang auf Stempelgeld. Bürger sprechen seufzend von der »guten alten Zeit«.

Unter diesen Umständen entscheidet sich Fritz Cohn, seinen Verlag aufzugeben – ein wohlüberlegter, richtiger Entschluss. Den Beruf sowie den Wohnort will er beibehalten. 1920 wird Zehlendorf ein Stadtbezirk von Groß-Berlin, mit seinen vier Millionen Einwohnern nach London nun die größte Stadt Europas. Und *die* Stadt der Autoren, der Verlage. Rund fünfhundert Schriftsteller leben in der Hauptstadt, und über den Erfolg von Büchern wird hier in den Feuilletonbeilagen der großen Zeitungen und anhand der Absatzzahlen der großen Buchhandlungen entschieden.

Es dauert nicht lange, und Cohn kommt mit der Deutschen Verlags-Anstalt in Stuttgart ins Gespräch. Das Mitte des vorigen Jahrhunderts gegründete Unternehmen hat einen guten Namen und gehört mit seinem weit gespannten Programm zu den wichtigsten Verlagshäusern in Deutschland. Es vertreibt die Werke Wilhelm Raabes, Fürst Pücklers und Émile Zolas, aber auch Wilhelm Busch mit seinen Bildgeschichten, Gesamtausgaben der Klassiker, Memoiren, Biographien und Briefausgaben, unter anderem Werke von Moltke, Bismarck und Ferdinand Lasalle sowie historische Bücher bedeutender Wissenschaftler. In der verlagseigenen Druckerei werden seit Beginn der zwanziger Jahre auch Banknoten gedruckt, in der Inflation ein profitables Geschäft.

Als Cohn vorschlägt, Fleischel & Co. zu liquidieren und sich der DVA anzuschließen, zeigt man sich in Stuttgart außerordentlich interessiert. Dieser Kollege hat in der Branche auch als Mitglied des Gesamt-vorstands des »Deutschen Verlegervereins« und Vor-sitzender der »Vereinigung schönwissenschaftlicher Verleger« einen guten Ruf. Also bietet man ihm an, Mitglied des DVA-Aufsichtrats und Leiter des Berliner Verlagsbüros zu werden. Natürlich sind den Stuttgar-tern auch einige Autoren des bisherigen Cohn-Verlags in ihrem Hause hochwillkommen.

Abgemacht! Am 1. Oktober 1921 erlischt der bis-herige Verlag Fleischel & Co., Cohns Autoren aber existieren auch im neuen Verlagskleid weiter. Noch im gleichen Jahr veröffentlicht die DVA die »Ge-sammelten Dichtungen« des kurz zuvor verstorbenen Cäsar Flaischlen. Darauf folgen eine fünfbändige Aus-gabe der Bücher Georg Hermanns sowie »Ausgewählte Werke« Clara Viebigs in acht Bänden. Und nach einem im Herbst 1925 einsetzenden Konjunkturrückschlag in der Bücherbranche, der verbunden ist mit dem Auf-kommen von Rundfunk und Film und nicht ohne Aus-wirkungen auf den Publikumsgeschmack bleibt, rettet fünf Jahre später das Buch einer früheren Cohn-Auto-rin das Verlagshaus vor dem Schlimmsten: die über-aus erfolgreiche Volksausgabe von Ina Seidels Roman »Wunschkind«.

Was für ein gelungener Neuanfang! Hinter ihm liegen Krieg und Revolution, die Flucht des Kaisers und der Machtantritt der »Roten«. Fritz Cohn hat alles überstanden. Fritz Cohn, so sieht es aus, hat sich einge-richtet in der neuen Zeit.

Und was für den Verleger gilt, scheint auf den ersten Blick auch für die ihm angetraute Autorin zu gelten. Zu ihrem 60. Geburtstag im Sommer 1920 hat der sozialdemokratische »Vorwärts« sie als Dichterin des groß angelegten Zeitromans gefeiert, als eine Frau, die durch ihre sozialkritische Darstellung und ihr Erzähltalent die Sympathie des »klassenbewussten Arbeiters« gewonnen habe.

Ja, das ist wahr: Diese Autorin beschreibt drastisch und detailversessen das Leben in den tristen, säuerlich riechenden, ungelüfteten Behausungen der Mietskasernen. Nicht selten teilen sich Eltern mit fünf Kindern einen einzigen Raum. Sie zieht zusammen mit Käthe Kollwitz oder Heinrich Zille durch die Armenviertel, sieht die abgemagerten Kinder in den Hinterhöfen zwischen Mülltonnen spielen und Obdachlose in dünnen Jacken frierend in Hauseingängen stehen. Diese Schriftstellerin kennt das Elend in der Großstadt. Die Bücher, in denen sie es beschreibt, werden noch immer gut verkauft und in viele Sprachen übersetzt.

Aber neben den Kassen der Buchhändler liegen jetzt stapelweise die neuesten Erzeugnisse einer anderen Autorin, der gleichen Generation zugehörig wie Frau Viebig und bis zum Ende des Zweiten Weltkriegs die meistgelesene deutsche Schriftstellerin. Über zweihundert Bücher hat sie zeitlebens verfasst, davon etwa hundertundzwanzig während der Weimarer Republik und fast vierzig in der Hitler-Zeit. Die Gesamtauflage ihrer Erzeugnisse, so schätzen die einen, beträgt über dreißig Millionen Exemplare. Andere widersprechen: vierzig Millionen. Übersetzungen und Verfilmungsrechte hinzugerechnet, erzielt sie zeitweise Einkünfte von dreißigtausend Reichsmark monatlich.

Von Hedwig Courths-Mahler ist die Rede, von jener Unterhaltungs-»Künstlerin«, die mit den billigsten Effekten, Schwarz-Weiß-Malerei, Kitsch, Klischees und der Begabung für Spannung die Wunschträume ihres anspruchslosen, vornehmlich weiblichen Publikums erfüllt und es in jene Traumwelt führt, in der das liebe, gute Mädchen aus ärmlichen Verhältnissen von einem Prinzen, jedenfalls mindestens von einem Herrn von Adel oder aus der Finanzaristokratie wachgeküsst und schließlich als Frau Gräfin oder Frau Bankdirektor in Glück und Reichtum schwelgt.

Doch nicht nur aus dieser Ecke, das bekommt die erfolgsverwöhnte Clara Viebig im Lauf der zwanziger Jahre zu spüren, kommt die Konkurrenz, sondern auch von jüngeren Autorinnen, Repräsentantinnen der »golden twenties«, von Schriftstellerinnen wie Vicki Baum, Irmgard Keun oder Gabriele Tergit, die über Begriffe wie »gefallene Mädchen« oder »verbotene Liebschaften« nur noch lächeln. In ihren Augen sind die von Clara Viebig hochgehaltenen Gebote der bürgerlichen Moral für das weibliche Geschlecht so altmodisch und überflüssig wie die einstigen Schnürkorsetts. In ihren Geschichten sitzt ein Fräulein Doktor in langer Hose und einer lässig darüber hängenden Weste am Redaktionstisch, die Haare nicht wie Madame Viebig gefällig onduliert, sondern zum flotten Bubikopf geschnitten, eine Frau, die fleißig, intelligent, geistreich, witzig ist, Karriere macht und sicherlich nicht kochen kann – keine Romangestalt, die in die Welt der »deutschen Zola« passt.

Die Romane der neuen weiblichen Schriftstellergeneration, von den Literaturexperten als »neue Sachlichkeit« zur Stilrichtung erklärt, spielen nicht im Souterrain der Mietshäuser, sondern in Luxushotels, bewohnt von einer alternden, einst berühmten Tänzerin, einem adligen Fassadenkletterer, der die Perlen der Diva stehlen will, und Herren der Geschäftswelt, die in Konferenzräumen Zigarren paffen, Aktienkurse analysieren und Betriebsfusionen verhandeln. Andere Kulissen sind aufgebaut in Zeitungsredaktionen, bevölkert mit frivolen Journalisten, die für Tempo, Schlagzeilen, Sensationen sorgen, abends zu Partylöwen werden und, begleitet von »girls« mit langen Beinen, tiefen Ausschnitten und billigen Maulwurfpelzen, in lauschige Nischen bekannter Etablissements enteilen, Haut Sauterne schlürfen, einen schnellen Charleston tanzen und danach zusammen mit den Damen in die nahen Betten entschwinden. Wie Ernst.

Enfant terrible

Madame Viebig ist entsetzt, und zwar nicht nur über diese jungen Frauen und ihre Bücher, sondern auch – über ihren Sohn. Ernst, dieses Enfant terrible, schlendert durch das Leben und unterbricht den Schlendrian von Zeit zu Zeit, um ebenfalls in das Bett einer schönen Blonden zu springen. Zeit seines Lebens wird er ein Mann bleiben, der die Frauen liebt und ihnen nie widerstehen kann. Die Eltern reagieren mit Vorhaltungen, es kommt zu heftigen Auseinandersetzungen, Hausverbot, Versöhnung, erneuten Vorhaltungen und so fort. Schließlich findet der musikalisch Hochbegabte eine Anstellung als Repetitor und Chorleiter am Lübecker Stadttheater, verliebt sich dort in eine sechzehnjährige Solotänzerin und heiratet sie. Die Eltern sind begeistert; nicht nur von dem Liebreiz ihrer Schwiegertochter, sondern auch von den beruflichen Erfolgen ihres Sohnes, der sich gefangen zu haben scheint. Er wird musikalischer Leiter des Lübecker Operettentheaters und bald darauf an eine der besten deutschen Operettenbühnen berufen, nach Hannover.

Können die Cohns darauf hoffen, dass das Privat- und das Berufsleben ihres Sohnes fortan in »geordneten Bahnen« verlaufen werden? Davon kann keine Rede sein. Für seine Frau, die Tänzerin, ist Hannover kein geeignetes Pflaster. Sie geht zurück nach Berlin, entschwindet aber bald darauf ins Ausland, wo sie in harten Dollars bezahlt wird. Ernst ist außer sich, aber eben auch kein Kind von Traurigkeit. Er tröstet sich »mit anderen«. Vorläufig mit einer Ungarin. Niemand weiß, wo seine Angetraute abgeblieben ist; sie taucht nicht wieder auf. Viel später erhält Ernst eine Postkarte aus dem holländischen Scheveningen, die sie vor dem Kurhaus mit einem spanischen »Granden« zeigt.

Ernst, der Unzuverlässige, verletzt offensichtlich immer wieder die vertraglichen Verpflichtungen seines Engagements durch neue »Amouren«. Der Bühnenverein erteilt ihm für ein Jahr Berufsverbot, und nun schreibt Ernst eine Oper. Und während der Vater für sehr viel Geld handschriftliche Klavierauszüge und Orchesterstimmen ausschreiben lässt, sitzt der Opernkomponist in den bekanntesten Berliner Bars, zum Beispiel im »Kakadu« oder im leicht verruchten »Eldorado«, dem berühmten Transvestitentreffpunkt, tanzt Tango und lässt sich gern auch mal eine Prise Kokain anbieten. Heute vergnügt er sich mit Halbweltdamen in der Gegend rings um die Gedächtniskirche, morgen sieht man ihn in einem Künstlerlokal zusammen mit Schauspielern wie Hans Albers und Trude Hesterberg oder Dichtern wie Klabund.

Eines Tages teilt die Direktion des Aachener Opernhauses mit, sie sei bereit, das eingereichte Werk des jungen Komponisten zur Uraufführung anzunehmen. Im Hause Cohn-Viebig in der Königstraße wiederum Versöhnung, Harmonie, die Überzeugung, von nun an werde alles sich zum Besten wenden. Der stolze Vater kommt zur Premiere. Kritiker meinen, eine »starke Talentprobe« erlebt zu haben. Die »Berliner Illustrirte«

veröffentlicht ein Foto des jungen Komponisten; zwar auf der letzten Seite, aber immerhin. Doch leider wird sein Werk nach etwa zehn Aufführungen wieder abgesetzt und von keiner anderen Opernbühne übernommen. Ähnlich scheitern weitere Versuche.

Ernst flüchtet in ein nächstes Liebesabenteuer. Irmgard heißt die Neue, eine zwanzigjährige Sekretärin. Cohn hat sie engagiert, um abends in der Königstraße das Manuskript eines neuen Romans seiner Frau in die Schreibmaschine zu tippen. Der Vater schätzt das Fräulein, der Sohn verliebt sich in die junge Frau. Beide finden eine Beschäftigung bei der Monatsschrift »Die Musik«; Ernst als Redakteur, seine Freundin als Schreibkraft in der Redaktion. Dem unsteten Ernst gefällt diese Arbeit, seine Kenntnisse der Klassik wie Moderne in Musik und Literatur kommen ihm bei seiner neuen Tätigkeit sehr zugute. Als einer der Ersten erkennt er die Bedeutung von Alban Bergs Oper »Wozzek«, die eines Tages als Klavierauszug auf seinem Schreibtisch landet. Er schreibt einen Artikel darüber und macht so auch andere auf das grandiose Werk aufmerksam. Bald darauf erlebt der später berühmte Alban Berg die Uraufführung seiner Oper an der Berliner Staatsoper. Ernst gilt jetzt als Entdecker, er reüssiert als gefragter Kritiker und darf auch für internationale Musikzeitschriften Rezensionen schreiben.

Wer annimmt, nun werde wieder einmal alles gut, der irrt. Den Cohns stehen neuer Ärger, Wirrnisse, Zerwürfnisse ins Haus. Eines Tages erfahren die entsetzten Eltern, dass die geschätzte Irmgard schwanger, eine Heirat also unvermeidlich ist. Clara überschlägt sich in »hysterischem Geschrei« und beschimpft das junge Paar. Ihr Ernst packt daraufhin die Koffer und irrt mit seiner Irmgard nun zwischen deren Mutter, billigen Unterkünften und schließlich wiederum der Königstraße hin und her. Dazwischen Heirat und Geburt der Tochter; Susanne soll sie heißen.

Um die immer neuen Turbulenzen zwischen Zerwürfnis und Versöhnung abzukürzen – ein Freund der Cohns verschafft dem jungen Vater schließlich einen gut dotierten Posten als Produktions- und Aufnahmeleiter der Grammophongesellschaft »Electrola«. Claras beste Freundin, die frühere Kammersängerin und langjährige Geliebte des Dirigenten Karl Muck, Elisabeth van Endert, ist in Zehlendorf aufgetaucht. Die attraktive Künstlerin ist die Ehefrau eines Herrn Cohn aus Oberschlesien, der sich in Curth umbenannt hat und sich auf Visitenkarten »L. B. Curth van Endert« nennt. Diesem »Cohn-ver-ändert«, wie ihn böse Zungen nennen, verdankt Ernst Viebig seine Anstellung bei »Electrola«.

Und nun wird Ernst wieder Vater. Irmgard erwartet ein zweites Kind, dieses Mal einen Sohn, der Reinhart heißen wird. Die jungen Viebigs ziehen endgültig aus »Claras Haus« aus und mieten sich ein eigenes Häuschen, ebenfalls in Zehlendorf.

Der Verleger und sein Autor

Der Kinderlärm ist verstummt, das Haus der Cohns wieder ruhig und leer. Der Hausherr drängt darauf, die literarischen Soireen wieder aufzunehmen. Clara stimmt zwar zu, denn sie weiß, wie wichtig ihrem Mann die Gespräche mit anderen sind, aber froh stimmt sie die Aussicht nicht. Natürlich ist sie sich dessen bewusst, dass die Dame des Hauses, der Etikette folgend, ihren Gästen das Gefühl geben muss, auch sie, die Gastgeberin, habe Freude am geselligen Beisammensein, aber leicht ist das für sie oft nicht. Die bald Siebzigjährige ist erschöpft vom Schreiben, von der Gartenarbeit, der Aufsicht über »das Gesinde«. Aber Cohn braucht wieder mehr gesellschaftliche Kontakte, für ihn als Verleger ist das wichtig. Autoren wollen gepflegt werden, sonst laufen sie davon.

Der eindrucksvollste Gast der Cohns in diesen späteren zwanziger Jahren ist zweifellos der Autor Armin T. Wegner, ein schlanker, hochgewachsener, blonder »Bilderbucharier« mit fast kindlich wirkenden großen blauen Augen und schön geschwungenen düsteren Brauen, der mit seinem auf den Namen »Weißer Fuchs« getauften Motorrad und seiner Frau Lola Landau auf dem feuerroten Sitz im Beiwagen in der Königstraße vorfährt und mit langen Schritten und ungeduldigen Gebärden durch den Garten in die Villa eilt.

Die Cohns kennen den Schriftsteller schon viele Jahre, seit 1909 die ersten und von Kennern sogleich beachteten Gedichte »Zwischen zwei Städten« des damals jungen Mannes bei Fleischel & Co. erschienen waren. Ein weiterer Band mit Gedichten unter dem Titel »Das Antlitz der Städte« fiel wegen »Unsittlichkeit« der kaiserlichen Zensur zum Opfer und kam erst nach der Revolution wieder auf den Markt. Jetzt veröffentlicht Cohn Wegners Bücher zum Teil in der Deutschen Verlags-Anstalt. Die Preise, darüber gibt der Verleger akribisch Auskunft, liegen zwischen 1,25 und 2 Mark für die gebundenen und zwischen 75 Pfennig und 1,20 für die broschierten Exemplare.

Ganz einfach ist es nicht gewesen, Wegner als Autor zurückzugewinnen. Der Sybillen-Verlag hatte ihn offensichtlich mit Konditionen gelockt, die ihm Cohn bei Fleischel & Co. nicht hatte bieten können. Wegner hatte 1920 seine Stelle als Redakteur bei der halbamtlichen Zeitschrift »Der neue Orient« verloren, weil er in öffentlichen Veranstaltungen immer wieder auf die deutsche Mitschuld am Völkermord an den Armeniern hingewiesen hatte.

Sowohl beim Autor wie seinem Verleger scheint die damalige Trennung, Wegners »Seitensprung«, wie Cohn, seinen vergangenen Ärger kaum verhehlend, jetzt im November 1921 an den Autor schreibt, nicht ohne Missstimmung abgegangen zu sein. Wenn »wir damals«, fährt Cohn fort, »als der Teufel in Gestalt einer – jetzt ach wie kargen! – Rente an Sie herantrat, schon mit der D.V.A. fusioniert gewesen wären«, hätte »ich es nicht nötig gehabt (...), Sie gehen zu lassen«. Den kleinen boshaften Hinweis auf die »Rente«, die

Wegner einst gelockt hat, die nun aber in Zeiten der Inflation nicht mehr viel wert ist, kann er sich nicht verkneifen. »Sobald Sie frei sind«, so lässt er den Freund wissen, »bitte ich Sie, uns wieder concurrieren zu lassen, es wäre doch schade, wenn Sie nicht wieder zu mir zurückfänden, zu mir, der ich stolz darauf bin, Ihre ersten Schritte in die Literatur begleitet zu haben.«

Aber statt eines neuen Manuskripts von Wegner landen auf Cohns Schreibtisch Novellen von dessen Ehefrau Lola Landau. Von denen aber ist Cohn gar nicht begeistert, um es deutlich zu sagen: Er scheint sie für expressionistischen Schwulst zu halten. Damit aber steht er, wie so viele Verleger vor ihm und nach ihm, vor der schwierigen Aufgabe, eine Absage einerseits deutlich, zugleich aber auch nicht verletzend zu formulieren. Zumal er alles tun muss, damit der Gatte, um den es ihm eigentlich geht, nicht in den solidarischen Schulterschluss mit der ihm angetrauten Debütantin gezwungen wird; denn das könnte bedeuten, dass Wegner auch für seine eigenen künftigen Buchprojekte Cohn als Verleger womöglich nicht mehr in Betracht ziehen würde. Entsprechend lang und gewunden fällt Cohns Absage für Lola Landaus Geschichten aus, die er nicht an die Autorin, sondern an Wegner richtet.

»Lieber Min«, wählt er die vertrauliche Anrede des Freundes, »Sie wissen ja, ich bin ein hartherziger Verleger und unerbittlich, wenn meine Überzeugung nicht mit der Übernahme eines Verlagswerkes dem Autor selbst einen Dienst erweist.« Das ist nicht ungeschickt: Gleich zu Beginn seiner Absage decouvriert sich der Verleger selbst als der eigentliche Bösewicht (»hartherzig«) in diesem »Dreiecksgeschäft«, gern übernimmt er nicht den Part des »bad guy«, aber zum Besten seiner Autoren muss er das manchmal tun. Nach dieser Einleitung, die beim Empfänger des Briefes gar nicht erst falsche Hoffnungen (»unerbittlich«) aufkommen lässt, muss dem Affen Zucker gegeben werden, sonst sind die Türen zu! Also spricht Cohn von dem »unverkennbaren Talent« der »Frau Gemahlin«, von einer »Hochbegabten«, und gibt sich redlich Mühe, sein Urteil sachlich differenziert zu untermauern: Die erste Novelle sei »vielleicht die beste«, aber – bedauerlicherweise – leide sie »unter der Dagewesenheit des Stoffes«, »kaum irgendein neues Moment an dem Thema«; die zweite ist »origineller«, dafür aber hat sie »etwas fatal Konstruiertes«; über die dritte sollte besser der Mantel des Schweigens gebreitet werden: »sie ist überhaupt leider verfehlt«; der Verleger rät dringend, sie »als Jugendsünde ad acta« zu legen. Oh je, das klingt harsch, sehr harsch, das darf nicht das letzte Wort gewesen sein, das Urteil muss ein bisschen vergoldet werden. Cohn legt nach: »Ich habe die feste Hoffnung, dass dieses Talent sich durchringen wird und über kurz oder lang eine wertvolle Acquisition für jeden Verlag sein wird.« Wenn auch nicht für den Seinen. Soll sich doch ein anderer Verleger damit herumschlagen.

Aber ganz ungeschoren soll ihm der Gatte denn doch nicht davonkommen, schließlich hat der ihm die ganze Suppe eingebrockt. Und so empfiehlt er, ehe das von der »modernen Strömung des Expressionismus« beeinflusste Werk der Gemahlin sich »an die große Öffentlichkeit wenden darf«, ihm doch »gewisse Fesseln« anzulegen, die ihr »die von Liebe unbeeinflusste Meinung ihres Mannes geben muss«. Im Klartext: Sie haben wohl Scheuklappen auf, lieber Freund! So, nach dem notwendigen Rüffel jetzt noch eine kleine Prise Aufmunterung: »Übrigens würde ich sehr gern einmal etwas Dramatisches von ihr lesen.« Man soll nie alle Brücken abbrechen zu einer Autorin, wer weiß, was aus ihr noch wird, und die Aufforderung ist von jener schwebenden Unverbindlichkeit, die kein Obligo für die Zukunft enthält. Dann aufatmen, die schwierige Aufgabe ist erledigt, und man kann endlich über anderes plaudern. Wegner hat am nächsten Tag in Berlin eine Lesung, leider kann Cohn nicht kommen, ein offizielles Dinner, das er nicht absagen kann, und Clara, »die sonst hingehen würde«, liegt krank zu Hause, aber Ernst, der Sohn, soll als Ersatz geschickt werden. Die Manuskripte gehen mit »bestem Dank« zurück. Uff!

Die Verhandlungen mit »Dr. Francke« vom Dresdener Sybillen-Verlag über die Rückkehr des Autors Wegner unter die Fittiche seines Ex-Verlegers Cohn gestalten sich schwierig und langwierig. Erst vier Jahre später scheint sich eine Lösung anzubahnen. »Herr Dr. Francke hat an mich geschrieben und mich gefragt, ob wir die Werke nicht übernehmen wollen«, schreibt Cohn leicht triumphierend an Wegner. Francke habe sogar angeboten, nach Berlin zu kommen, um die Übernahme zu beschleunigen. Aber nun ist Cohn in der stärkeren Verhandlungsposition, nun will der andere etwas von ihm und nicht umgekehrt. Soll doch der Francke ruhig noch etwas zappeln! Cohn ziert sich, ein »zu großes Entgegenkommen« will er nicht zeigen, schließlich hat man sich über die Preise der beim Sybillen-Verlag vorhandenen Restauflagen von Wegners Büchern noch nicht einigen können.

Nun allerdings schießt der Autor quer. Offensichtlich spielt Wegner, um dem Hin und Her zwischen den beiden Verlagen ein Ende zu bereiten, mit dem Gedanken, die noch existierenden Restauflagen seiner Bücher in eigener Regie bei seinen Lesungen und Vorträgen zu verkaufen. Da aber ist Cohn davor: »Wenn wir die Sache übernehmen, müssen Sie uns eben alles geben, was noch da ist (...). Es muss Ihnen überhaupt klar sein, daß der Verleger nur dann in der Lage ist, Neuauflagen zu drucken, wenn er an den früheren Auflagen etwas verdient hat«, droht er Wegner, selbstverständlich aber könne der »sich darauf verlassen, daß ich, wenn ich auch unsere Interessen natürlich auf das Sorgfältigste wahren muss, auch die Ihrigen niemals aus dem Auge lasse«.

Endlich, am 21. August 1925, kann Cohn dem Autor Vollzug melden, er hat sich mit dem Sybillen-Verlag geeinigt, lässt Wegner aber gleich wissen, damit nur keine neuen Begehrlichkeiten aufkommen: »Die übernommenen Vorräte sind sämtlich, wie uns der Sybillen-Verlag mitteilt, an Sie honoriert worden, so daß, solange diese noch von uns verkauft werden, ein Honorar an Sie von unserer Seite nicht zu zahlen ist.«

So einfach will sich Wegner von seinem neuen Verlag dann doch nicht abspeisen lassen. Eine Liste mit Wünschen landet bei Cohn auf dem Schreibtisch, der aber kann sich bedauerlicherweise nicht »persönlich« darum kümmern, hält dies zu tun auch »nicht einmal für besonders vorteilhaft«. Er empfiehlt dem Freund, an »Herrn Dr. Kilpper persönlich zu schreiben«, ihm »Ihre Genugtuung darüber auszudrücken, mit Ihrem Gesamtwerk jetzt bei uns zu sein, woran Sie natürlich die Hoffnung knüpften, daß für einen Autor, der eine so stattliche Anzahl Werke in einem Verlage vereinigt, nunmehr wirksam gearbeitet werden kann.« Die Formulierung »wirksam gearbeitet werden kann« befriedigt Cohn, sie lässt alles offen, mitnichten hat er damit Wegners vermutlichen Wünschen nach Neuauflagen, Werbung oder aufwändigem Marketing zugestimmt. Aber sicher ist sicher bei diesem unberechenbaren Autor, also schreibt Cohn: »Mich und meinen Namen lassen Sie ganz aus dem Spiel; das ist jedenfalls vorteilhafter für Sie.« So zieht Cohn sich aus der Affäre.

Gustav Kilpper, dem Verleger der DVA, bleibt es überlassen, dem Autor Wegner noch einmal zu versichern, »daß wir uns mit allem Nachdruck für Ihre Bücher einsetzen werden«, was »jetzt, wo nur noch das Modebuch regiert«, schwerer als je zuvor geworden sei. Die Klagen der Verleger haben sich wenig verändert: Immer leben sie gerade in den schlechtesten aller denkbaren Zeiten! Verändert aber haben sich die Konditionen der Autoren: »20% vom Verkaufserlös der gehefteten, 15% von dem der gebundenen Exemplare für die ersten 5000 Exemplare«, 25 Prozent für alle darüber hinaus verkauften Bücher bietet Kilpper dem lang Umworbenen an – »die Höchstsätze unseres Hauses«. Von solchen Honoraren können heutige Autoren allerdings nur träumen!

Bei der nächsten Auseinandersetzung will Wegner seinen alt-neuen Verleger Cohn nicht mehr davonkommen lassen. Wegner hat einen neuen Roman geschrieben, »Moni«, der im »Berliner Tageblatt« wohlwollend rezensiert worden ist, und stellt nun fest, dass die Absatzzahlen seines Buches nicht der positiven

Resonanz von Seiten der Kritik entsprechen. Was tun? Der Autor vergewissert sich persönlich, welche Buchhandlungen vor Ort sein Werk ausgelegt haben. Das Ergebnis seiner Recherchen muss ihn veranlasst haben, einen Brief an die Geschäftsleitung der DVA nach Stuttgart zu schicken, um sich über den schleppenden Verkauf zu beschweren. Und wer bekommt Wegners Brief »zur Erledigung« auf den Schreibtisch? Richtig: Friedrich Theodor Cohn, der seit der Fusion mit DVA eben nicht mehr nur sein eigener Herr im Haus ist.

Cohn ist verstimmt – eine spürbare Demütigung hat ihm das Vorpreschen des Autors eingetragen. »Warum haben Sie nicht persönlich mit uns gesprochen?«, schreibt er vorwurfsvoll an Wegner. »Die Berliner Buchhandlungen sind doch unser Ressort.« Muss er denn diesen Autor immer wieder daran erinnern, dass er, Cohn, doch Wegners »einstmaliger erster Verleger« gewesen ist? Wie naiv ist dieser Autor, dass er die Auskünfte der Buchhändler auf seine hartnäckigen Nachfragen, warum denn nicht seine »Moni« unter den zahllosen Titeln im Laden zu finden sei, für bare Münze nimmt? »Sie sollten doch die Mitteilungen des Sortiments mit der größten Vorsicht aufnehmen«, rügt Cohn. »Sie können nicht verlangen, daß unser Stadtreisender jeden einzelnen Sortimenter aufsucht«, schon gar nicht die Buchhändler, die offensichtlich nur zu Konditionen und Zahlungsfristen »von 50% und langes Ziel« bei den Verlagen einzukaufen willens sind. Aber was verstehen Autoren schon von dem mühsamen Geschäft des Verlegens! Immer wieder muss man ihnen das Einmaleins des Buchmarktes vorbuchstabieren! »Bücher zu verkaufen, an denen man nichts verdient, sondern noch Geld zusetzt, hat wirklich keinen Zweck«, belehrt er Wegner. »Wenn Ihr Buch nicht in den Mengen, in denen Sie es wünschten, bei den einzelnen Sortimentern ausliegt«, dann sei das darin begründet, dass der Sortimenter »in erster Linie zu den Büchern greift, die vermöge ihres sensationellen Inhalts oder des Autorennamens gerade für ihn und seine Kundschaft ihm die wichtigsten zu sein scheinen«.

Wenig hat sich an dem Arsenal der Argumente in den Auseinandersetzungen zwischen Autor, Verleger und Sortiment über den enttäuschenden Verkauf eines Buches bis heute geändert!

Der Freundschaft zwischen der Familie Cohn-Viebig und dem Ehepaar Wegner-Landau scheinen die zuweilen spannungsreichen Geschäftsbeziehungen keinen Abbruch getan zu haben. Häufig ist der »liebe Min« zu Gast in »Claras Haus« in der Königstraße. Und dann kommen andere Themen zur Sprache als Absatzzahlen, die Kränkungen eines Autors oder die Missstimmungen eines Verlegers. Denn Wegner ist ein begnadeter Geschichtenerzähler, einer, der viel erlebt hat. Und mindestens so beeindruckend wie das literarische Talent dieses Armin T. Wegner ist seine Zivilcourage, mit der er immer wieder versucht, zugunsten von Entrechteten und Verfolgten in das politische Weltgeschehen einzugreifen – koste es, was es wolle.

Min, der mutige Empörer

»Lieber Min«, bittet Cohn, »erzählen Sie von Ihren
Reisen!« »Ja, erzählen Sie, lieber Wegner«, bitten auch
die anderen Gäste, denn niemand ist in der Welt so weit
herumgekommen wie dieser Mann. Und also erzählt
Min von den klingenden Schalen, mit denen die Was-
serverkäufer in den Gassen der Basare Stambuls Käufer
anzulocken versuchen, von der Schönheit Persiens und
den Bausteinen aus dem alten Babylon, die er auf einem
Trümmerfeld bei Bagdad aufgehoben hat, von den Reisen mit Lola, seiner jüdischen Frau, nach Palästina und
in andere Länder des Nahen Ostens. Wer von seinen
staunenden Zuhörern kann sich vorstellen, was das für
ein Abenteuer ist, mit Motorrad, Faltboot und Zelt zu
den jüdischen Siedlungen und durch die Wüste Sinai
nach Ägypten zu gelangen? Wo ist Min nicht gewesen?
Was hat Min nicht gesehen?

Seine Zuhörer hängen gespannt an den Lippen des
lebendigen Erzählers. Einige Damen, verzückt von seinen nachtblauen Augen, suchen Wegners Blicke. Man
sagt ihm nach, er sei ein Frauenliebling und -verführer
und bewahre die Briefe von Verehrerinnen sowie Ko-
pien seiner Antworten im verschlossenen Schreibtisch
auf, um sie als »literarisches Material« für seine Werke
zu verwerten. Als Jungverliebter hat er sich einst Geld
von seiner Großmutter geliehen, um an allen Litfaß-

säulen Breslaus, der Stadt seiner Jugend, auf großen Plakaten in flammend roter Schrift von seiner ersten großen Liebe zu künden: »Wer bezweifelt, daß Armin T. Wegner der glücklichste Mann in Deutschland ist?« Die Bürger waren empört, die Frauen entzückt. Keiner war wie Wegner, den man bald »Verwegener« nannte.

Zu dieser Zeit aber ist Wegner – noch – glücklich verheiratet und liebt die drei Kinder: zwei Söhne, die seine Lola aus ihrer ersten Ehe mitgebracht hat, und die kleine Tochter, geboren in den Wäldern Neuglobsows am Stechlinsee, wo die Familie eine Zeit lang wohnt. Für sie kann sich der manische Schreibtischarbeiter in Sekundenschnelle in den Clown, den Puppenverkäufer oder in den steifen General aus der Nachbarschaft verwandeln, und mit seinem Talent als Imitator unterhält er die ganze Familie. Aber wehe, wenn er beim Schreiben gestört wird – dann wird der sanfte Rebell zum jähzornigen Patriarchen!

Woher nimmt dieser studierte Jurist, der über das Streikrecht promoviert hat, neben den vielen Artikeln, Essays und Büchern, die er schreibt, neben seinen zahllosen Expeditionen, auf denen er die Welt durchwandert, neben den vielen Stunden, die er schönen Frauen widmet, noch die Zeit für sein Engagement, das ihm auch auf dem Feld der Politik einen Namen macht?

Dieser Armin T. Wegner ist … ja, was? Ein Linker ohne Parteibuch, ein Kommunist, doch zugleich ein weitsichtiger Kritiker der UdSSR, ein Anarchist und zugleich ein Pazifist, ein Revolutionär, der die Gewalt verachtet, ein Einzelgänger und Empörer, der sich einmischt und das Wort ergreift, wenn er das für nötig hält. In der Tradition von Heinrich Heine und Ludwig

Börne, Georg Büchner, Georg Herwegh und Heinrich Mann kämpft er die Hälfte seines Lebens für Frieden, Freiheit und Gerechtigkeit.

Bald nach Beginn des Ersten Weltkrieges hat er als Sanitäter und späterer Sanitätsoffizier in der mit Deutschland verbündeten Türkei die Vertreibung und Ausrottung der Armenier erlebt und unverzüglich versucht, die Öffentlichkeit davon zu informieren. In seinen Stiefelabsätzen schmuggelt er Dokumente, Aufnahmen der Massaker und Tagebuchaufzeichnungen über die Grenzen. Doch niemand will von den Gräueln wissen. Zu diesem Zeitpunkt sind alle noch besoffen von vaterländischer Kriegsbegeisterung. Er sei damals einer der einsamsten Menschen gewesen, wird Wegner später im Rückblick schreiben. Nach dem Ende des Krieges fordert er den amerikanischen Präsidenten Wilson auf, nachhaltig gegen den Genozid an den Armeniern zu protestieren und einzugreifen. Drastisch schildert er, wie die Armenier sterben mussten: »Erschlagen, erschossen, erhängt, vergiftet, erdolcht, erdrosselt, von Seuchen verzehrt, ertränkt, erfroren, verdurstet, verhungert, verfault, von Schakalen angefressen. Kinder weinten sich in den Tod. Männer zerschmetterten sich an den Felsen. Schwangere stürzten sich, die Hände aneinandergebunden, mit Gesang in den Euphrat.« Doch Wegners Appelle, etwas zur Rettung der Armenier zu tun, die in dem grausamen von den Türken angerichteten Massaker hingemordet werden, verhallen ungehört. 1,5 Millionen Armenier kommen um; die Weltöffentlichkeit bleibt ungerührt.

Anderthalb Jahrzehnte später reist der Schriftsteller Franz Werfel mit seiner Frau in dieses Gebiet und ist von seinen Begegnungen mit den wenigen überlebenden Armeniern tief erschüttert. Werfel recherchiert, und 1933 erscheint sein großer Roman »Die vierzig Tage des Musa Dagh«, mit dem er hofft, den Europäern das Verbrechen der Türken ins Bewusstsein schreiben zu können. Zwei Monate später kommen die Nationalsozialisten an die Macht, Werfels Roman wird sofort verboten. Und in der Türkei ist dieses Thema bis heute ein Tabu.

In den Jahren nach dem Ersten Weltkrieg streitet Armin Wegner für die gewaltlose Revolution und gehört 1919 zu den Mitbegründern des Bundes der Kriegsdienstgegner. Während des Spartakus-Aufstandes im Januar 1919 warnt er den Führer der Spartakisten, Karl Liebknecht: »Lieber Bruder! Wieder ist Blut geflossen ... Das ganze Volk spaltet sich in zwei Hälften, um sich mit allen Mitteln des Hasses zu vernichten.« Die demokratisch-sozialistische Republik, die dieser Schriftsteller erstrebt, soll frei sein von Fanatismus und Gewalt. Zwei Tage nach Wegners Brief wird Liebknecht ermordet. Wegner erweist dem Toten im Leichenschauhaus die letzte Ehre.

Als aufgeschlossener, von der neuen Ordnung eingenommener Sympathisant wird Armin T. Wegner 1927 die Sowjetunion bereisen und erschreckt sehen, wie durch das Neue überall das Alte durchscheint, »daß man die Gesetze der Zensur, der Amtsstuben, des Spitalwesens, der Ochrana (der zaristischen Geheimpolizei) nur deshalb vernichtet hat, um sie selber anzuwenden«. Er stößt auf neue Widersprüche, neue Abhängigkeiten, neue Gefängnisse, neuen Fanatismus: »Alle Gefahren des Patriotismus, der Zentralisation, der Religion, des

Dogmas, die man entgöttert hat, scheinen (...) in dieses Land zurückzukehren.« Auch hier scheut Wegner sich nicht, seiner Enttäuschung Luft zu machen: »Ich glaubte, hier Sturmvögel und Schwalben der Revolution zu finden. Ihr aber seid nichts – als Pflastersteine des Kommunismus.« Weitsichtig erkennt der Enttäuschte die möglichen Gefahren über die Grenzen dieses Riesenreichs hinaus, sieht einen »asiatischen Imperialismus« heraufziehen, der »auch die Länder des Westens zu Kolonien machen« könnte, »in einem Sinn, der nicht mehr dem Geiste des Sozialismus entspricht«.

Wo gibt es einen Wegner gleichgesinnten Sozialisten, dessen Ideen über Gewaltlosigkeit und Revolution zuweilen wie weltfremde Utopien wirken, dann aber doch am Ende des 20. Jahrhunderts zu den Kennzeichen der »sanften« Revolution in der östlichen Hälfte Europas gehören werden? Wo gab es in den zwanziger Jahren des 20. Jahrhunderts einen Menschen, der zunächst erfüllt von Sympathien für den neuen Sowjetstaat seine Gefahren vor allem für Europa so klar voraussagte wie dieser Utopist und Realist zugleich? Wer wünschte sich nicht, Armin T. Wegner im Umkreis Cohns erlebt zu haben? Wer bangte nicht um sein Schicksal nach Hitlers Machtantritt?

»Ideale echter Weiblichkeit«

Die Gäste haben sich verabschiedet. Frau Cohn prüft noch einmal, ob allseits wieder Ordnung herrscht. Auf einen perfekten Haushalt legt sie Wert. So ist sie erzogen worden; so versteht sie sich: als Hüterin des Hauses, als treusorgende Ehefrau und Mutter. Darin sieht sie »die Ideale echter Weiblichkeit«. Einer Frauenrechtlerin, die sie eines Tages besuchen kommt und erstaunt ist, die Viebig im Bügelzimmer beim Mangeln anzutreffen, entgegnet sie: »Was meinen Sie, was meine Männer, mein Mann und mein Sohn, dazu sagen würden, wenn sie mittags schlechtes Essen auf dem Tisch finden sollten oder wenn ihre Wäsche nicht in tadelloser Ordnung wäre. Ich wäre trotz meiner emsigen Feder längst als Hausvorstand entlassen worden, wenn ich nicht ebenso gut kochen und im Haushalt schalten und walten könnte. Nein, was diesen Punkt betrifft, so vergess ich niemals die gute Lehre meiner Mutter: ›Vergiss nie über deiner ganzen Schriftstellerei, mindestens dreimal täglich in deine Küche zu gehen! Dann wirst du bei deiner sonstigen guten Veranlagung und Verträglichkeit eine der glücklichsten Ehen auf Erden führen.‹«

Natürlich muss man in jenen gutbürgerlichen Kreisen, aus denen Clara Viebig kommt und in denen sie mit ihrem Mann nun lebt, mehr als dreimal täglich das Personal kontrollieren. Die gute Hausfrau und Mutter soll zugleich aber auch als Dame überzeugen! Und wie erkennt man eine Dame? Zunächst einmal an ihrer äußeren Erscheinung. Frau Cohn-Viebig achtet sorgsam auf eine gepflegte, elegante Kleidung und Frisur. »Man muß auf sich halten, auf sich halten! Das ist und bleibt mein oberster Grundsatz!« Und dazu gehört wiederum mehr als ein gepflegtes Äußeres. Es bedeutet auch: Contenance bewahren! Anstand, Selbstzucht üben, sich nie gehen lassen! Die »deutsche Zola« bleibt dem bürgerlichen Frauenbild des 19. Jahrhunderts verpflichtet.

Doch zugleich möchte sie den Anschluss an die Moderne nicht verpassen, gefragt bleiben wie in früheren Zeiten. Hat sie, heraus aus der bürgerlichen Anschauung und Enge, nicht einen Beruf gewählt, »der die Fesseln des Konventionellen, veraltete Vorurteile abstreifte« und soziale Missstände anprangerte? Und ist sie, wenngleich »vielleicht unbewußt«, nicht zugleich eine »der vielen Vorkämpferinnen der modernen Frauenbewegung« geworden? Ja, auch das möchte Clara Viebig sein, zumal sie glaubt: »Wir Frauen sind doch die Stärkeren!«

Vielleicht tun ihr Frauen im 21. Jahrhundert Unrecht. Vielleicht erwarten sie zu viel von dieser frühen Rebellin, die mit ihren modernen Themen in die Welt der Männer eingebrochen ist. Vielleicht rechnen sie zu Unrecht alle »Vorkämpferinnen der modernen Frauenbewegung« zu den politisch denkenden Frauen. Aber von Politik hat Clara Viebig so gut wie nichts verstanden. Ihre politischen Äußerungen zeugen von Unerfahrenheit, wirken unüberlegt, zuweilen dümmlich. Unmittelbar nach dem Ende des Ersten Weltkriegs lässt sie eine ihrer Heldinnen wettern: »Sie waren eben alle nicht bei Sinnen gewesen, die Söhne nicht, die Lehrer nicht, die Väter nicht – alle nicht. Nur die Mütter sahen, wie es wirklich war; die ahnten, wie es kommen würde. Gekommen war.«

Das ist eine Legende aus dem Reich des Mütterkults. Auch die Mütter hatten 1914, »nicht bei Sinnen«, ihren ins Feld ziehenden Söhnen zugejubelt. Und »nicht bei Sinnen« war Mutter Viebig stolz auf ihren siebzehnjährigen Ernst gewesen, der sich freiwillig gemeldet hatte.

Und nun, da der Krieg vorüber und verloren ist, wirbt da diese Mutter für Toleranz und Freundschaft zwischen den Völkern? Mitnichten. »Deutsche Städte werden polnische Städte, deutsche Kultur wird vernichtet, deutsche Arbeit verjagt. Das Land meiner Väter und die Heimat meines Herzens geschändet (…). Schmerz, wütender Schmerz erregt mich, sehe ich in der Stadt meiner Kindheit, in den Gefilden meiner glücklichsten Träume, Senegalneger die Zähne fletschen, feindliche Völker in meiner geliebtesten Heimat hausen …«. Schlimm genug, dass das Deutsche Reich den Krieg verloren hat, besonders kränkend für das deutsche Bürgertum war jedoch der Einsatz von Schwarzen aus den französischen Kolonialgebieten bei den Besatzungstruppen. Die einst Kolonisierten jetzt als Sieger und Besatzer? Diese »schwarze Schmach« wurde nicht nur von Clara Viebig als Hohn auf alle »Gesetze europäischer Zivilisation« empfunden.

Aber wie in den meisten Ehen dieser Zeit scheint auch im Hause Cohn zu gelten: Politik ist Männersache! Immerhin, die Autorin hat sich kritisch über ein neues Kinderschutzgesetz geäußert. Der liberale Reichstagsabgeordnete Dr. Theodor Heuss, Jahre später erster Präsident der neu gegründeten Bundesrepublik, will brieflich ihre Einwände entkräften. Darauf antwortet nicht die Empfängerin, sondern ausführlich ihr Mann.

Doch eine Schriftstellerin will und soll an ihrem Werk gemessen werden. Clara Viebig hat genauer und ausführlicher als andere das Schicksal von Land- und Fabrikarbeiterinnen, Dienstmädchen und armen Bäuerinnen, verlorener, herumgestoßener Wesen geschildert und damit vielleicht doch trotz aller Vorbehalte auch ihren Platz in der modernen Frauenbewegung gefunden. Rezensenten sprechen von ihrer »unerschöpflichen, immer neu strömenden Liebe«, »erwärmend zu heißem Mitgefühl und Hilfsdrang«.

Doch gilt »das große heiße Mitleid« der Autorin stets solchen Frauen und Mädchen, die aus Zwang und Not außerhalb des Hauses eine Tätigkeit verrichten müssen. Weibliche Berufstätigkeit als Ausdruck der Entfaltung eigener Kräfte, des Wunsches nach Selbstständigkeit und Selbstverwirklichung, so wie in ihrem eigenen Leben, ist den Romanfiguren der Clara Viebig fremd.

Und die Jüngerin Zolas misst ihre ausgebeuteten, mitleiderregenden weiblichen Geschöpfe stets auch am Maßstab bürgerlicher Sexualmoral. »Der freie Verkehr der Geschlechter«, also außerhalb der Ehe, ohne Trauschein zu einem Mann ins Bett zu steigen, davon bleibt sie überzeugt, kann nur »auf den Weg Gretchens« führen, also ins Verderben. Ein uneheliches Kind zur Welt zu bringen, heißt hinabzusteigen »in Schimpf und Schande, in den Sumpf«.

Diese Überzeugung hat Clara Viebig bis weit ins 20. Jahrhundert hinein mit der Mehrzahl aller Bürgerinnen und Bürger, auch mit Frauenrechtlerinnen, geteilt. Doch mögen andere der Versuchung widerstanden haben, der die überzeugte Christin mit dem »reichen Herzen für die Armen und Entrechteten« erlegen ist. Clara Viebig, so berichtet ihr Sohn, setzte eines ihrer Dienstmädchen, das an einer selbstversuchten Schwangerschaftsunterbrechung fast verblutete, kaltblütig auf die Straße. In der Zehlendorfer Königstraße 3 nisten die Widersprüche im Gebälk.

Hätte der Hausherr die näheren Umstände gekannt – das unglückliche Dienstmädchen wäre sicherlich nicht hinausgeworfen worden. Sein Sohn und auch die Enkel schildern ihn als einen sanften, liebevollen Menschen. So wie er seinen Ernst verwöhnt hat, verwöhnt er nun auch dessen Kinder, rührt durch seine Zärtlichkeit und Herzensgüte. Doch gibt es Augenblicke, in denen solche schönen Eigenschaften begraben werden unter Cohns plötzlich aufbrausendem Temperament, Anfällen von Jähzorn, ja, von Härte.

»Vater schlug mich oft (...) wegen wenig belangvoller Dinge«, erinnert sich der Sohn, »verlangte, daß ich in mein Zimmer ginge, um die Hosen auszuziehen. Dann kam er und schlug mich mit der Rute und später mit einem Rohrstock kräftig auf meine Sitzfläche (...). Die körperliche Züchtigung war ja zu jener Zeit durchaus nichts Ungewöhnliches, sondern gang und gäbe in Elternhaus und Schule.« Aber »ein selbstquälerischer Zug meines Wesens und eine gewisse Form von Sado-Masochismus hat ohne Zweifel seine Wurzeln im Nährboden dieser für unsere heutigen Begriffe sinnlosen Form der Erziehung, die mir bei einem Vater hoher Kultur und echter Herzensgüte einfach unfaßbar ist. Andererseits wurde ich ebenso ohne vernünftiges Maß verwöhnt«.

Doch bald, am Ende der zwanziger Jahre, verlieren häusliche Geselligkeit und die spannenden Reiseberichte des Freundes Min, Cohns Wutausbrüche nach einem verlorenen Bridgespiel oder Claras Gezeter über ein paar Krümel auf dem Teppich an Bedeutung. Mit dem Kurseinbruch an der New Yorker Börse am 25. Oktober 1929 beginnt die Weltwirtschaftskrise, und innerhalb kurzer Zeit steigt die Arbeitslosenzahl in Berlin auf 450.000 Menschen an. Nach einem vorangegangenen kurzen Aufschwung hatte der Verleger Samuel Fischer schon 1926 erneut von einer unheimlichen Stille auf dem Büchermarkt gesprochen und sie als Symptom eines allgemeinen Kulturverfalls gedeutet: »Man treibt Sport, man tanzt, man verbringt die Abendstunden am Radioapparat, im Kino, man ist neben der Berufsarbeit vollkommen in Anspruch genommen und findet keine Zeit, ein Buch zu lesen.« Zu Beginn seines Pensionsalters gibt Fritz Cohn die Leitung der Berliner DVA-Zweigstelle auf, bleibt aber weiterhin für Verlage tätig.

»Wir schlossen die Augen, versiegelten die Ohren«

Die letzten Jahre der Weimarer Republik sind angebrochen. Auf den Straßen der Reichshauptstadt liefern sich Kommunisten mit ihrem Rotfrontkämpferbund und Nazis in ihren braunen SA-Uniformen Straßenkämpfe. Die Mitgliederzahlen der NSDAP sind in den vergangenen Jahren ständig angestiegen; im Herbst 1930 auf 130000. Durch die Wahl im September 1930 erhöht sich die Zahl der NSDAP-Abgeordneten im Deutschen Reichstag auf 107. Sechseinhalb Millionen Deutsche haben sie gewählt.

Auf dem Kurfürstendamm kommt es zu antisemitischen Überfällen, die der »Centralverband deutscher Staatsbürger jüdischen Glaubens« als »Vorübung zum Pogrom« bezeichnet. Fürchten sich die Cohns?

Am jüdischen Neujahrstag demolieren SA-Leute Geschäfte und attackieren Passanten, die sie für Juden halten. Juden? Ein Drittel aller deutschen Juden, etwa zweihunderttausend, leben in Berlin, darunter viele berühmte wie der Regisseur Max Reinhardt, der Schauspieler Fritz Kortner, der Dirigent Bruno Walter, der Physiker Albert Einstein. »Könnte ich mir eine Zeit wünschen, in der ich leben möchte«, äußert später ein Rabbiner im amerikanischen Exil, »und dürfte ich einen Ort bestimmen, so wäre das Berlin in den zwanziger Jahren.«

Wie reagieren die Cohns auf die wachsende Gefahr?

Private Briefe des Ehepaares aus dieser Zeit sind nicht bekannt. Aber eine Freundin der Familie, Lola Landau, die Ehefrau Armin T. Wegners, hat in ihren Memoiren beschrieben, wie ihr Mann auf den wachsenden Erfolg Hitlers reagierte: »›Der lächerliche Idiot, der armselige Narr, er kann nichts als brüllen‹, sagte Armin und drehte das Radio ab. Dann führte er den Kindern und mir eine täuschende Parodie der Hitlerrede vor (...). Die Kinder kreischten vor Vergnügen, wir alle krümmten uns vor Lachen (...). Man zuckte mit den Schultern, man machte Witze, erzählte Anekdoten und setzte ein ironisches Lächeln auf (...). Wir schlossen nicht nur die Augen, wir versiegelten auch die Ohren. Wir stellten uns blind und taub. Wir hörten einfach nicht hin (...). Besonders überhörten die kultivierten Juden des Landes (...) die Drohungen, die gegen sie ausgestoßen wurden (...).«

So wird sich auch Cohn verhalten haben. Er fühlt sich nicht als Jude, sondern als bürgerlichen Werten verpflichteter konservativer Deutscher.

1932 verlässt Albert Einstein Deutschland. Ihm folgen noch im gleichen Jahr die Schauspielerin Marlene Dietrich und der Maler George Grosz.

Weihnachten 1932 feiern die Cohns zusammen mit der Schwiegertochter und den Enkelkindern. Schon Tage vor dem Heiligen Abend hat der Großvater das Weihnachtszimmer fest verschlossen. Neugierig stehen die beiden Enkel vor der Tür, wenn der alte Herr, beladen mit Geschenkkartons und Kisten mit dem Weihnachtsschmuck, die Treppe hinuntersteigt und den Schlüssel zu dem verbotenen Zimmer aus der Tasche zieht. »Ab mit euch! Marsch in die Küche!« Von dorther strömt der Geruch von Mandeln und Rosinen, von gestoßenen Nelken und Kardamom, Rosenwasser und Zitronat, den Zutaten für das Weihnachtsgebäck, durchs Haus. Die Schwiegertochter hört ihre Kinder täglich beim Aufsagen der Weihnachtsgedichte ab. »Die Vorfreude überstrahlte alles. Die Alten freuten sich der Freude der Jungen.«

Am Nachmittag des Heiligen Abends geht die Familie gemeinsam in die Kirche. Und dann endlich, nach dem Kirchgang, steckt der Großvater den mit Lametta, Kerzen und bunten Kugeln prächtig geschmückten Weihnachtsbaum an, unter dem neben der Krippe die zahlreichen Geschenke liegen. Man singt zusammen »Stille Nacht, heilige Nacht« und all die anderen alten Weihnachtslieder. Susanne, das geliebte Enkelkind, tritt vor den Baum, macht linkisch einen Knicks und sagt die Weihnachtsgeschichte auf. Dem Großvater rinnen Tränen über das Gesicht. Nun tritt auch noch der kleine Reinhart, verkleidet als Knecht Ruprecht, durch die Tür. Die Geschenke werden verteilt. Zum Abschluss gibt es Karpfen, polnisch angerichtet, einen guten Wein und hinterher Süßigkeiten, Obst und Nüsse.

Am 1. Weihnachtstag kommt wie üblich Tante Käthe, die Schwester von Fritz Cohn, und nimmt teil am Gänsebratenessen. »Sieh mal«, rufen die Kinder, »meine neue Eisenbahn! Und meine neue Käthe-Kruse-Puppe!«

Welch eine glückliche Familie! Welch eine heile Welt!

Cohn denkt keinen Augenblick an Auswanderung.

Was kann ihm, meint er, schon passieren? Doch will er alles vermeiden, was die Nazis provozieren könnte.

Unter den wenigen Dokumenten, die aus diesen Jahren vorhanden sind, befindet sich ein von Cohn unterzeichneter Brief mit dem Firmenzeichen des Knaur Verlages in Berlin vom 13. November 1931. Er ist adressiert an den Rundfunkjournalisten und Schriftsteller Jochen Klepper, der sich 1942 mit seiner jüdischen Frau und deren Tochter das Leben nehmen wird, um sie vor dem Konzentrationslager zu bewahren. Klepper hat dem Verlag ein Romanmanuskript eingereicht und hofft auf Veröffentlichung. Doch obgleich »im großen und ganzen recht gefesselt« von dem Manuskript, schickt Cohn es aus verschiedenen Gründen zurück, zumal »das reichlich enthaltene jüdische Element einer Abdruckmöglichkeit nicht sehr günstig« sei. Zwei Jahre später verliert Klepper seine Arbeit beim Rundfunk, und noch zwei Jahre später wird er aus der Reichsschrifttumskammer ausgeschlossen.

Um vorsorgliche Absicherung bemüht sich auch Cohns Frau. 1933 veröffentlicht sie den völkisch-nationalen Roman »Insel der Hoffnung«. Er erzählt von einem Mann, der freiwillig einige Jahre auf einer einsamen Insel zubringt und sich schließlich für ein Siedlungsprojekt an der polnischen Grenze engagiert. »Sein Grund und Boden soll damit zur Insel der Hoffnung werden und ein Signal für die Rückeroberung der nach dem Weltkrieg verlorenen Ostgebiete setzen.«

Die künftigen Machthaber wird jedwede Form von vorsichtiger Zurückhaltung oder gar Anbiederung unbeeindruckt lassen, auch wenn die Autorin in diesem Roman gewiss ihre eigene Überzeugung ausdrückt, dass die deutschen Grenzabtretungen nach dem Welt-krieg Unrecht seien und rückgängig gemacht werden müssten.

Ernst, dem Sohn hingegen, ist das bürgerlich-kon-servative Weltbild der Eltern längst fremd geworden. Unter dem Eindruck der Weltwirtschaftskrise und dem Anwachsen des Rechtsradikalismus wird er Kom-munist, wird Mitglied der Revolutionären Gewerk-schaftsorganisation und der Roten Hilfe, gehört zu den Freunden des Neuen Russland und erwirbt schließlich auch das Mitgliedsbuch der KPD.

Dabei sieht es so aus, als könne man diesen schwie-rigen jungen Mann zu jenen glücklichen Menschen zählen, die von Arbeitslosigkeit verschont bleiben. Im Winter 1930 wird er Bühnenkapellmeister an der Ber-liner Volksbühne und dirigiert dort über hundertmal die Musik Theo Mackebens zu Molnars »Liliom« mit Hans Albers. Seine Frau singt im Chor. Aber dann, im Sommer 1931, wird die Volksbühne auf unbestimmte Zeit geschlossen. Wiederum versucht der junge Viebig eine Oper zu komponieren; ein Dichter namens Hery-bert Menzel will ihm das Libretto schreiben. Aber für eine eigene Bleibe der Familie reicht nun das Geld nicht mehr. Irmgard findet mit den beiden Kindern Reinhart und Susanne erneut Unterschlupf bei den Schwieger-eltern. Ihr Mann, wiederum in eine Liebesaffäre ver-strickt – die Wievielte mit der Wievielten? –, verlässt die Familie und zieht in eine in der Stadtmitte gelege-ne Pension. Dort meldet der Pensionsinhaber seinem Mieter einen unbekannten Besucher. »Genosse Karl«, wie er sich nennt, ein gelernter Eisenbahnarbeiter, stellt sich vor als Mitarbeiter des geheimen Militärapparates der KPD, der den Genossen Ernst künftig in »mit dem Theater verbundenen Gesellschaftskreisen einsetzen« und in dessen Pensionszimmer für die konspirative Arbeit wichtige Broschüren und Bücher lagern will. Aber welche militärischen Geheimnisse sind in den »mit dem Theater verbundenen Gesellschaftskreisen« aufzuspüren?

Fasziniert von diesem ihm bisher unbekannten Räuber-und-Gendarm-Spiel lädt der neu angeworbene »Agent« künftig mit Schmuck und Pelzen überladene elegante Damen sowie deren Begleiter zu den Zellenabenden der Partei ein. Dort werden die überraschten, verängstigten oder auch amüsierten Gäste über die Diktatur des Proletariats, den »gefährlichen Reformismus der SPD« wie auch den sowjetischen Fünfjahresplan informiert. Kaum anzunehmen, dass daraufhin eine der Damen oder einer der Herren, die rechte Hand zur Faust geballt, ein Mitgliedsbuch der KPD erwirbt und militärische Geheimnisse enthüllt.

Die Geschichte ist zur Farce geworden. Doch der Tag ist nicht mehr fern, an dem der schnell entflammte Ernst, sei es nun auf dem Feld der Liebe oder dem der Politik, »wieder ärmer geworden an Glauben« sich entsetzt und enttäuscht vom Kommunismus abwenden wird. Warum soll es seinen Genossen besser gehen als seinen Frauen?

Nun also die ernsthafte Fortsetzung der Opernkomposition. Nun also erneute Rückkehr zur Familie in die Königstraße und Wiederaufnahme der Zusammenarbeit mit Herybert Menzel, dem Librettisten. Der wiederum ist ein überzeugter Nazi, doch einer mit »Manieren«: Bevor er das Haus des Juden Cohn betritt, nimmt er rücksichtsvoll das NSDAP-Abzeichen vom Revers und steckt es aus Versehen in den Mantel Viebigs ...

Über die weitere Zusammenarbeit der beiden Künstler ist nichts bekannt geworden, wohl aber, dass dieser Herybert Menzel später hymnische Gedichte auf den Führer und das Reich schreiben wird, vorgetragen auf den Morgenfeiern der Hitlerjugend. Die SA wird ihm 1939 dafür ihren Kulturpreis verleihen.

Besorgt über Leben und Treiben ihres Sohnes, beschließen Cohn und seine Frau, Ernst für längere Zeit in ein Sanatorium in der Schweiz zu schicken.

»Alles ruiniert, alles entzwei«

Am Abend hört Fritz Cohn den Boykottaufruf im Radio: »Kauft nicht in jüdischen Geschäften und Warenhäusern!«, »Geht nicht zu jüdischen Rechtsanwälten!«, »Meidet jüdische Ärzte!«, »Wer gegen diese Aufforderung handelt, beweist damit, daß er auf der Seite der Feinde Deutschlands steht!« Die Verfasser dieses Aufrufs, ein »Komitee zur Abwehr jüdischer Greuel- und Boykotthetze«, haben dafür gesorgt, dass vor den angegebenen Geschäften, Praxen und Kanzleien am nächsten Tag, dem 1. April 1933, SA-Trupps aufmarschieren, Mutigen den Eintritt verweigern und in die Menge gröhlen: »Juda verrecke.« Wer protestiert, wird festgenommen.

Ernst besucht an diesem Tag seinen Onkel, den Arzt und Geheimrat Franz Colmers, der eine Praxis in München unterhält. Im gleichen Haus praktiziert der Kollege Dr. Levy. Ernst sieht schon auf der Straße, wie die SA das Schild von Dr. Levy besudelt hat. Noch am gleichen Tag nimmt sich der jüdische Arzt das Leben. Franz Colmers ist von den Attacken der rüden Sturmtrupps noch verschont geblieben. Erschrocken reist Ernst am Abend zurück nach Berlin, in sein Elternhaus.

Dort ist Fritz Cohn, wütend und empört, am Ende seiner Kräfte und einem Nervenzusammenbruch nahe. Beschwichtigend versucht die Familie auf den Tobenden einzuwirken. Der aber trommelt mit den Fäusten auf den Tisch, stampft mit den Füßen auf den Boden, schreit: »Das dürfen sie nicht tun! Das ist gegen die Verfassung, gegen jedes Recht. Deutschland ist ein Rechtsstaat.« Cohn will nicht wahrhaben, dass es einen deutschen Rechtsstaat nicht mehr gibt, seit Reichspräsident von Hindenburg den Führer der NSDAP, Adolf Hitler, zum Reichskanzler ernannt hat.

Wie angekündigt, endet der Protest am Abend des 1. April um 22 Uhr. Am nächsten Tag gehen die Menschen zur Arbeit, als sei nichts geschehen. Unter den Entwürdigten hofft mancher, er könne nach dem furchterregenden Spuk weiterleben wie bisher. An den Straßenecken werden Frühlingssträuße angeboten, und auf den Ständen der Marktfrauen liegt frisches Gemüse aus.

Doch die Verfolgung setzt sich fort. Jüdische Beamte und Angestellte werden aus öffentlichen Dienststellen und Betrieben entlassen. Jüdische Professoren dürfen nicht mehr lehren, jüdische Schauspieler nicht mehr spielen. Wehrmachtsangehörigen wird verboten, jüdische Frauen zu heiraten. Verfolgte schleppen ihre Habe heimlich von einer Wohnung in die andere, laufen von einem Büro ins nächste, um Auswanderungspapiere zu beantragen.

Ernst Viebig redet auf den Vater ein, mit ihm nach Frankreich, England oder Italien zu fliehen, um sich rechtzeitig in Sicherheit zu bringen und das kleine noch vorhandene Vermögen der Familie zu retten. Davon will Fritz Cohn nichts wissen. Er sei Deutscher! Mit dem Gesetz niemals in Konflikt geraten, allen seinen Verpflichtungen redlich nachgekommen! Ihm könne man nichts tun! Dann blickt der fast Siebzigjährige auf die große Linde vor seinem Haus, die ihn schon bei dem Einzug so eingenommen hat für das neue Domizil, und sagt: »Hier will ich sterben und unter dieser Linde hier begraben werden!«

Fritz Cohn will nicht begreifen, dass über sechzig Millionen seiner Landsleute Verbrechen gegen eine halbe Million jüdischer Mitbürger hinnehmen oder sich sogar daran beteiligen werden.

Aber es gibt auch Menschen, die nicht schweigen. Zu Ostern 1933 schreibt Cohns Freund, der couragierte Schriftsteller Armin T. Wegner, einen Brief an Adolf Hitler: »Herr Reichskanzler! Die Staatsregierung hat kürzlich die Acht über die Geschäftshäuser aller jüdischen Bürger verhängt. Beleidigende Inschriften: ›Betrüger!‹ – ›Nicht kaufen!‹ – ›Den Juden den Tod‹, gemalte Wegweiser: ›Nach Jerusalem!‹ leuchteten an den Spiegelscheiben, Männer mit Knüppeln und Faustbüchsen hielten vor den Türen der Läden Wache (…)«. Und dann zählt Wegner alle Unrechtstaten gegen die Juden auf, Folgen des Boykotts vom 1. April, warnt und fordert: »Gebieten Sie diesem Treiben Einhalt! Das Judentum hat die babylonische Gefangenschaft, die Knechtschaft in Ägypten, die spanischen Ketzergerichte, die Drangsal der Kreuzzüge und sechzehnhundert Judenverfolgungen in Russland überdauert. Mit jener Zähigkeit, die dieses Volk alt werden ließ, werden die Juden auch diese Gefahr überstehen – die Schmach und das Unglück aber, die Deutschland dadurch zuteil wurden, werden für lange Zeit nicht vergessen sein. Denn wen muß einmal der Schlag treffen, den man jetzt gegen die Juden führt, wen anders als uns selbst?«

Ist dieser Mutige nicht ein Naiver? Kann er glauben, Hitler zur Umkehr zu bewegen? Doch was wäre geschehen, wenn sich Millionen Deutsche, damals im Frühjahr 1933, ähnlich protestierend an den »Führer« und Reichskanzler gewendet hätten – einmal, zweimal, immer wieder? Dieser Armin T. Wegner beweist mit seinem Brief, dass ein Mensch zugleich ein Moralist und Realist, naiv und weitsichtig sein kann.

Martin Bormann, Zuständiger in der Reichskanzlei des »Führers«, bestätigt den Eingang von Wegners Schreiben und versichert dem Autor: »Das beigefügte, für den Führer bestimmte Schreiben wird diesem vorgelegt werden«. Mitte August antwortet der Reichskanzler: Wegner wird verhaftet.

»An einem Sommermorgen des Jahres 1933 erwachte ich früh um sechs Uhr in meinem Zelt am Ufer der Havel in Berlin. Männliche Stimmen hatten mich geweckt. Verwundert darüber, weil ich mein Zelt an einem abgelegenen Ort im Walde errichtet hatte, trat ich hinaus. Zwei Beamte der Geheimen Staatspolizei standen davor. Ein dritter Mann, der Wirt des kleinen Gasthauses in einem nahegelegenen Dorfe, durch den ich meine Post erhielt, wies, halb hinter einem Baume versteckt, mit dem Finger auf mich und rief voll hämischer Freude: Das ist er ...« So hat Wegner später den morgendlichen Überfall der Gestapo geschildert. Er wird in den berüchtigten Folterkeller des Columbiahauses nach Berlin-Tempelhof verschleppt und dort schwer misshandelt. Einer seiner Folterer rezitiert dabei zur Gaudi der anderen aus Kants »Zum ewigen Frieden«, die Schrift trug Wegner bei der Festnahme bei sich. Er kommt in die KZs Oranienburg, Börgermoor und Lichtenburg. Nach seiner Entlassung reist er nach England aus, kann in der Emigration nicht leben, kommt zurück, wird erneut verhaftet und überlebt schließlich in einem kleinen italienischen Dorf. Seine Frau Lola Landau wandert nach Palästina aus. Nach 1945 fragt mehrere Jahrzehnte keiner in seiner Heimat mehr nach diesem Mann und seinem Werk.

Wegner ist noch in Freiheit, als die Nazis den Tag der Bücherverbrennung, den 10. Mai 1933, vorbereiten. Im März 1933 beauftragt Propagandaminister Joseph Goebbels den Berliner Bibliothekar Dr. Wolfgang Hermann mit der Aufstellung einer »Schwarzen Liste« »schädlichen« und »unerwünschten« Schrifttums, auf der die Namen von etwa 130 Autoren kommunistischer und angeblich nihilistischer Werke sowie von Verfassern der so genannten »Asphaltliteratur« landen. Die Volksbüchereien sollen »gesäubert« werden. SA-Männer beginnen, sie nach »verbotenem Schriftgut« zu durchsuchen, in den Buchhandlungen »jüdische Schmutz- und Schundschriften« zu beschlagnahmen und gegen »jüdische Schmierfinken« von der Presse vorzugehen.

Offenbar noch rechtzeitig erfahren die Cohn-Viebigs, dass die politische Polizei auch mit einer Hausdurchsuchung in der Königstraße 3 beauftragt worden ist. Gilt sie dem einstigen Verleger oder der politischen Betätigung des Sohnes? Clara wendet sich Hilfe suchend an ihre Schwägerin Henriette, die Ehefrau ihres älteren Bruders Ferdinand und eine Tante Hermann Görings, die mit dessen Welt des »Dritten Reiches« aber so gar nichts zu tun haben möchte. So kann der Überfall verhindert werden.

Und dann, am 10. Mai, werden überall in Deutschland Scheiterhaufen errichtet. In den Universitätsstädten werfen Studenten unzählige Erzeugnisse »undeutschen Geistes« in die Flammen, begleitet von pöbelndem Geschrei gegen »jüdische Asphaltliteraten« und andere »Beschmutzer der deutschen Ehre und des deutschen Geistes«. »Brenne, Karl Marx!«, »Brenne, Sigmund Freud!« und auch »Brenne, Armin T. Wegner«. Auch die Bücher Remarques, Rathenaus, Tucholskys, Feuchtwangers und vieler anderer deutscher Dichter und Denker gehen in den Flammen auf. Heinrich Heines Prophezeiung wird sich auf das Furchtbarste erfüllen: »Dort, wo man Bücher verbrennt, verbrennt man auch am Ende Menschen.«

Der Börsenverein der deutschen Buchhändler richtet eine Ergebenheitsadresse an die Initiatoren, spricht sich für die »nationale Erhebung« aus und erklärt sich ungefragt bereit, »die Judenfrage im Buchhandel zu regeln«. Sechs Tage später werden die Namen von zwölf Autoren veröffentlicht: Lion Feuchtwanger, Ernst Glaeser, Arthur Holitscher, Alfred Kerr, Egon Erwin Kisch, Emil Ludwig, Heinrich Mann, Ernst Ottwalt, Theodor Plivier, E. M. Remarque, Kurt Tucholsky und Arnold Zweig sind »für das deutsche Ansehen als schädigend zu erachten«, ihre Bücher sollen nicht mehr vertrieben werden. Die Angst bei den als »Schädlingen« Gejagten nimmt zu. Fast zweitausend Schriftsteller emigrieren in den folgenden Jahren. Stefan Zweig, Cohns Autor, erkennt, dass »an ein Hierbleiben nicht mehr zu denken« ist. »Daß wir gehen müssen. Wohl oder übel.« Max Liebermann, mit dem Fritz in früheren Jahren so oft und gern zusammen gearbeitet hat, fühlt sich zu alt für die Auswanderung. »Aus dem schönen Traum der Assimilation sind wir leider nur zu jäh aufgewacht«, schreibt er an den Bürgermeister von Tel Aviv. Im Februar 1935 stirbt er – kein Vertreter der Stadt Berlin, deren Ehrenbürger der berühmte Maler gewesen ist, kein Mitglied der Akademie der Künste, deren Präsident er war, erscheint zu seiner Beerdigung. Als seine Frau deportiert werden soll, nimmt sie sich das Leben.

Im Herbst 1933 werden die Verlage der Reichsschrifttumskammer unterstellt, die Propagandaminister Goebbels unter seiner Fuchtel hat. »Entjudet« waren sie zu diesem Zeitpunkt – von wenigen Ausnahmen abgesehen – ohnehin schon. Alle jüdischen Verleger und Buchhändler erhalten nun einen Brief, der sie davon informiert, dass sie summarisch aus der Reichsschrifttumskammer ausgeschlossen sind und ihr Unternehmen unverzüglich zu liquidieren oder an Arier zu verkaufen haben.

Während Fritz Cohn, von Weinkrämpfen geschüttelt und dumpf vor sich hinbrütend, an seinem Schreibtisch hockt, mehren sich die Berichte von Willkürakten gegen Juden. Auch Fritz Cohns Bruder Franz bekommt in seiner Münchner Arztpraxis zu spüren, wie sich die Schlinge immer weiter zuzieht. Im Oktober 1935 gibt er Thomas Mann in Zürich einen düsteren Bericht von dem »Druck, unter dem die Juden in Deutschland stehen«, so vermerkt es der Schriftsteller in seinem Tagebuch.

Franz Colmers kennt ihn, seit dieser ihm 1921 im Coburger Krankenhaus, dem Colmers als Chefarzt vorstand, einen Besuch abstattete. Thomas Mann recherchierte für den »Zauberberg« und wohnte dafür zwei Kropf-Operationen bei. »Großer Eindruck«, notierte er anschließend in seinem Tagebuch. 1922 veranstalteten SA-Truppen einen »Deutschen Tag« in Coburg. Antisemitische Übergriffe waren die Folge, bei denen offensichtlich auch Franz Colmers ins Visier geriet. Dass er durch den Übertritt zum Katholizismus von seinem jüdischen Glauben Abschied genommen hatte, nützte ihm so wenig wie allen seinen jüdischen Mitbürgern, die gehofft hatten, durch die Taufe das »Entrebillett« zur deutschen Gesellschaft zu erwerben. In den Augen der anderen waren sie Juden und gehörten nicht dazu. 1924 gab Colmers seinen Posten in Coburg auf und zog nach München, wo er eine Privatpraxis eröffnete.

Inzwischen ist Franz entschlossen, Deutschland zu verlassen, und Thomas Mann soll ihm dabei helfen. Am 7. April 1936 bittet er den Schriftsteller, ihm einige Empfehlungen zu schreiben. Kurz vorher war dem Berühmten die Ehrendoktorwürde der Universität Harvard verliehen worden, und so schreibt Thomas Mann am 12. April an den Direktor der Harvard University, James B. Conant, und an seinen Verleger Alfred A. Knopf Briefe, in denen er sich für Franz Colmers verwendet. Ohne Erfolg. Zwei Jahre später, am 30. Dezember 1938, greift er in Princeton wieder zum Briefpapier. Diesmal ist der Adressat seines Empfehlungsschreibens für seinen »old valued friend« Colmers der Präsident der Columbia University in New York, Nicholas Murray Butler. Und im April 1940 können die Familie Colmers und Thomas Mann in Princeton gemeinsam zum Lunch gehen, im Juni 1941 kann Thomas Mann seinen Schützling zu dessen neuen Anfang in Manhattan beglückwünschen. Colmers praktiziert fortan in New York. In Amerika wird er bleiben, bis ans Ende seines Lebens.

Cohn und seine Frau bleiben in Zehlendorf. Clara lebt nach der Devise: Nur nicht auffallen! Nur nichts Strafbares sagen! Nur nicht provozieren! »Es ist jetzt geboten«, schreibt sie 1933 einer jungen türkischen Verehrerin, »den stillen u. schweigenden Zuschauer zu spielen. Ich halte mich von allem zurück (…). Alles ruiniert, alles entzwei …«

Nach Brasilien

Die Enkelin Susanne möchte gerne zu den Jungmädeln, in die Hitlerjugend, zusammen mit den Klassenkameradinnen eine Uniform mit weißer Bluse, Schlips und Knoten tragen, die Heimabende besuchen, mit anderen gemeinsam spielen, Sport treiben, singen und auf Fahrt gehen. »Natürlich, mein Kind!« Die Großeltern haben nichts dagegen. In Gegenwart der beiden Enkelkinder wird nicht über Politik gesprochen, die Realität kaschiert, ein heiles Leben vorgegaukelt; nähert sich die Wirklichkeit, wird die Gartentür verriegelt.

Im Juli/August 1933 reisen Fritz und Clara Cohn wie schon in früheren Jahren für ein paar Wochen nach Bad Bertrich zur Kur. Stärker als die Sorge um das eigene Schicksal quält die beiden alten Leute, was aus dem Sohn in diesen schwierigen Zeiten wird. Am Tag des Reichstagsbrandes, Ende Februar 1933, hat er in Davos eine neue Opernpartitur beendet. Als er von der dem Brand folgenden Verhaftungswelle hört, schickt er seine Frau sofort zurück nach Berlin, um in der Königstraße alle dort versteckten Materialien der KPD, alles irgendwie Belastende, zu vernichten. »Gut angekommen – Kinderkleidchen verbrannt«, telegraphiert Irmgard gleich nach ihrer Ankunft zurück nach Davos. Fritz Cohn empfiehlt dem Sohn, in der Schweiz zu bleiben und sich später in Frankreich nach einer Arbeit umzusehen. Doch der will zunächst versuchen, das neue Werk in Deutschland aufzuführen.

Düsseldorf und andere Opernhäuser lehnen ab. Die Oper eines »Mischlings«, eines »Rasse-Unreinen« aufzuführen, könne man sich nicht erlauben. Der Dirigent Wilhelm Furtwängler, begeistert von dem Werk des jungen Mannes, will es an der Berliner Staatsoper präsentieren und dafür sorgen, dass der begabte Kollege als Professor an die Hochschule für Musik berufen wird.

Hochstimmung in der Königstraße!

Schnell stellt sich heraus, was für ein naiver Mann dieser große Dirigent doch ist. Er glaubt daran, dass »mit dem Irrsinn des Antisemitismus« recht bald Schluss sein werde. Doch Ernst Viebig und sein Gönner müssen sich sagen lassen, dass es ohne »Arierausweis« keine Aufführungsgenehmigung und auch keine Professur in Deutschland geben wird.

Viebig macht sich auf den Weg, um in der Reichskulturkammer vorzusprechen. Dort wird ihm wohlwollend geraten, eine eidesstattliche Erklärung der Mutter beizubringen, dass der Sohn das »Produkt« eines »Fehltritts« mit einem rein arischen Verehrer sei. Der Sohn verschweigt den Eltern diesen widerlichen Rat. Auch fürchtet er, der Vater könnte, zwar tief verletzt in seiner Ehre und in seinem Stolz, dennoch versucht sein, seine Frau zu einem solchen Papier zu überreden, um dem geliebten Sohn zu helfen. Der hingegen versucht, die verwandtschaftlichen Beziehungen zu der Familie Göring auszunutzen. Es sieht so aus, als bringe das Erfolg. Doch schließlich heißt es, Goebbels, nicht Göring habe zu entscheiden. Und der Reichspropagandaminister erklärt ein für allemal: Sie sind »als Jude nicht berechtigt, deutsches Kulturgut zu verwalten«. Die Oper darf nicht aufgeführt werden, ihr Komponist nicht dirigieren oder lehren. Ernst sieht keine Zukunft mehr für sich in Deutschland, er will fort.

Eines Tages klingelt es an der Gartenpforte in der Königstraße. Die Gestapo! Ernst soll abgeholt werden. Wie es ihm gelungen ist, den Beamten auf den folgenden Tag zu vertrösten, wissen wir nicht. Der Beamte steckt den Pass von Ernst ein und zieht von dannen. Am nächsten Morgen soll Ernst um acht Uhr bei der zuständigen Dienststelle erscheinen. Eine frühere Geliebte, die schöne Luise, der Ernst einst verfallen war, die er dann aber fallen ließ, hat ihn denunziert. Mit Mühe gelingt es dem jungen Viebig, die Gestapo davon zu überzeugen, dass Luise eine »pathologische Lügnerin« sei. Denn so war es in einer lange zurückliegenden Akte von dem behandelnden Arzt festgehalten worden, dessen Patientin Luise früher war. Ernst hatte sich zu dieser Zeit auf Bitten des Arztes um sie gekümmert – nun wird sein Wissen von damals für ihn zum lebensrettenden Strohhalm. Die Gestapo lässt die Krankenakte kommen und findet bestätigt, was der junge Viebig sagt. Er darf gehen, seine Mitgliedschaft in der KPD hat die Gestapo offensichtlich noch nicht entdeckt.

Aber der Boden wird Ernst zu heiß unter den Füßen. Mit Maibowle nimmt er Abschied von seinen Freunden. Ein letztes Mal besucht er die Eltern in Bad Bertrich, wohin die beiden sich vor den turbulenten Ereignissen in Berlin zurückgezogen haben. »Ich sah in das immer schöne starke Gesicht meiner Mutter, das keine Träne feuchtete, und ich sah in das edle Antlitz meines Vaters, in das der Kummer immer mehr und mehr Furchen grub, ich sah seine Todesblässe, es war, als wenn er umsinken müsse wie ein gebrochener zarter Halm, und ich wusste, ich würde ihn nie wiedersehen.« Im Mai besteigt Ernst Viebig einen kleinen Dampfer des Norddeutschen Lloyd und emigriert nach Brasilien. Wenn er sich dort eingelebt hat, sollen seine Frau sowie die beiden Kinder folgen. »Froh sein kann ich nicht mehr …«, stöhnt die Mutter.

In São Paulo gründet der Sohn mit der finanziellen Hilfe seines Vaters und dessen Beziehungen zu Verlags- und Buchhandelsunternehmen eine deutsche Buchhandlung, die bald Treffpunkt der deutschen Kolonie in der Stadt und ihrer Umgebung wird. 1935 folgt ihm seine Frau. 1936 werden auch die beiden Kinder nach Brasilien ausreisen. Zu Beginn des Zweiten Weltkriegs muss der Buchladen Insolvenz anmelden, weil deutsche Bücher nicht mehr eingeführt werden dürfen. Ernst verliebt sich wieder einmal; seine zweite Ehe wird geschieden. Irmgard zieht mit den beiden Kindern nach Rio de Janeiro um.

Der Sohn Friedrich Theodor Cohns und Clara Viebigs ist von einem Erdteil auf den anderen und später nach Deutschland zurückgezogen. Ihr einziges Kind haben seine Eltern verwöhnt, verhätschelt und geliebt. Besonders der Vater hat ihm immer wieder aus jeder Patsche seines Lebens geholfen. Und doch ist Ernst die wohlgeordnete bürgerliche Welt seines Elternhauses fremd geblieben. Als Erwachsener hat er mehrmals den Beruf und besonders seine Frauen gewechselt, er ist ein Abenteurer gewesen, ein Hallodri, voller Unrast, Unbeständigkeit, Unzuverlässigkeit, eine verlorene Seele.

Wie soll ein solcher Mensch, wenn schon nicht Glück, so doch Zufriedenheit und Ruhe finden?

In »Claras Haus« ist es von Jahr zu Jahr einsamer geworden. Fritz Cohn vermisst die einstige Geselligkeit. »Jeder kümmert sich nur um sich selbst und seine nächste Familie«, schreibt seine Frau. Beide kommen nur schwer über die Emigration des Sohnes und seiner Frau hinweg und denken mit Schrecken an den Tag, an dem auch die beiden Enkel sie verlassen werden. »Was sollen dann zwei alte einsame Menschen in einem großen Haus ...?«, fragt sich Clara bang. Und müssen die beiden nicht auch die Vertreibung aus der Villa fürchten? Die Hausherrin hat Bescheid erhalten, als Miteigentümerin alle Briefe im Zusammenhang mit der Grundbucheintragung und anderen Hausangelegenheiten nur mit ihrem Mädchennamen zu unterzeichnen; auch Schreiben der Behörden werden ausschließlich an »Frau Viebig« gerichtet; der Name Cohn wird in den Ämtern »ausgelöscht«.

Jahre der Einsamkeit

Um nicht in der Leere zu ertrinken, hat die Schriftstellerin begonnen, wiederum einen Roman zu schreiben. Es wird ihr letzter werden. »Die Vielgeliebte und die Vielgehasste«, so der Titel. Die Liebesgeschichte Friedrich Wilhelms II. und der Trompeterstochter Wilhelmine Encke wird 1935 erscheinen – eine seltene Vergünstigung und alles andere als selbstverständlich für eine Frau, die als Ehepartnerin eines Juden nicht der Reichsschrifttumskammer angehören darf, ohne deren Mitgliedschaft kaum einer publizieren kann. Eine seltene Vergünstigung auch deshalb, weil mit den Nürnberger Gesetzen vom September 1935 Eheschließungen und eheähnliche Verbindungen zwischen Juden und Nichtjuden strafbar sind und von nichtjüdischen Partnern erwartet wird, sich durch Scheidung aus der »Mischehe« zu befreien.

Friedrich Theodor Cohn ist am Ende seiner Kraft. Vierzehn Tage vor Abfahrt der Kinder nach Brasilien, am 14. Februar 1936, findet der Enkelsohn den geliebten Großvater, diesen verständnisvollen und gutherzigen alten Mann, niedergestreckt von einem Herzschlag auf dem Boden seines Arbeitszimmers. Auf dem Städtischen Friedhof in der Zehlendorfer Onkel-Tom-Straße wird er nahe der Kapelle neben dem Grab der schon längst verstorbenen Schwiegermutter in einer der kleinen gleichförmig quadratischen Flächen, umgeben von Eibenhecken, beigesetzt. Ganz in der Nähe befindet sich der Gedenkstein für den Komponisten Engelbert Humperdinck, dem Schöpfer der Märchenoper »Hänsel und Gretel«. Auf dem Stein steht ein fiedelnder Musikant, dem auf einem Zweig ein Vogel lauscht. Mit dem alten Humperdinck und dessen Töchtern hat Ernst samt Familie manche glücklichen Urlaubstage verbracht.

Lebenslang hat Friedrich Theodor Cohn sich geweigert, das zu sein, was er gewesen ist: der Sohn einer hochehrenwerten alten jüdischen Familie, die stolz sein kann auf ihre Herkunft, die Verdienste und den Aufstieg der Männer, die Fürsorge und Güte ihrer Frauen. Was hat Fritz Cohn alles unternommen, sich hinter den Namen von Partnern zu verstecken, die entweder keine Juden waren oder deren Namen weniger jüdisch klangen als der seine! Was alles hat er verdrängen wollen: Zurücksetzung, Verunglimpfung, Spott und Hohn! Was alles hat er beschönigen, übersehen, nicht wahrhaben wollen: die Missachtung der Juden durch andere Deutsche, Attentate, zum Beispiel auf den bekannten jüdischen Publizisten Maximilian Harden, Morde, zum Beispiel an dem jüdischen Außenminister Rathenau. Die, mit denen er als Gleicher unter Gleichen zusammenleben wollte, haben ihn zu Tode gehetzt. Um es mit Worten Hugo von Hofmannsthals zu sagen: Er nahm »das Geheimnis mit sich ins Grab, (…) wie es ihm möglich gewesen zu leben«.

Friedrich Cohn blieb erspart, was andere, die ihm nahe standen, in den Jahren nach seinem Tod erleiden mussten. Zum Beispiel sein Dichterfreund Herbert Eulenberg, in der NS-Zeit ignoriert, vergessen. Zum Beispiel sein Erfolgsautor Georg Hermann, der Autor der Romane »Jettchen Gebert« und »Henriette Jacoby«, in Auschwitz vergast. Auch Cohns Schwester Käthe und ihre Tochter werden Opfer des Holocaust.

Fast zwanzig Jahre wird Clara Viebig ihren Ehemann überleben. Doch die einsame alte Frau quält die Langeweile, das Gefühl der Überflüssigkeit. Was liegt näher, als ein neues Buch anzufangen! Jedenfalls der steten Sorge, nicht mehr gedruckt zu werden, ist sie jetzt enthoben. Wenige Monate nach dem Tod Fritz Cohns genehmigt die Reichsschrifttumskammer ihren Antrag, in dieses Gremium und damit zugleich in die Deutsche Arbeitsfront aufgenommen zu werden. Zu der Eintrittsprozedur gehört die Frage nach dem Arier-Nachweis des Ehegatten. »Verstorben. Akte ist verlorengegangen« wird – offensichtlich in Übereinkunft zwischen den neuen Partnern – formuliert. Auch ein toter Jude darf nicht mehr ein toter Jude sein.

Zwar gehen in den folgenden Jahren bei der Kammer immer wieder Anfragen ein, wie denn diese Autorin einzuordnen sei, ob als erwünscht oder gänzlich unerwünscht. Der Verwaltungsdirektor der »Heilstätten Beelitz« möchte wissen, ob die »von Clara Viebig verfassten Bücher noch als einwandfrei zu bezeichnen sind«. Die »Reichsschrifttumskammer, Gruppe Buchhandel, Leipzig« fragt nach, ob die Werke der Autorin »in der Suchliste des Börsenblatts nicht mehr erscheinen dürfen«. Und als auch »Der Stürmer« eine »persönliche Stellungnahme« der Reichsschrifttumskammer in Berlin-Charlottenburg erbittet, wird der zuständige Abteilungsleiter vor seinem Antwortschreiben doch noch einmal per Aktenvermerk darauf hingewiesen, dass Frau Viebig »angeblich drei Kinder hat, die zweifelsohne Mischlinge I sind«, und gefragt, ob die »Tatsache der drei nichtarischen Kinder evtl. Einfluss auf die Mitgliedschaft der Frau Viebig« haben könnte. Nein, antwortet der Abteilungsleiter, die Dame selbst sei inzwischen 82, und es sei der Kammer bekannt, dass sie dereinst mit dem »jüdischen Buchhändler Cohn« verheiratet gewesen sei. Immer wieder werden Fragesteller wie auch gelegentliche Denunzianten informiert, dass »alles seine Ordnung« habe und gegen diese Autorin keine Einwände erhoben würden. Und zumal Frau Viebig sich jetzt nur noch ihres Mädchennamens bedienen darf, werden 1939/1940 sogar drei ihrer früheren Romane wiederum neu aufgelegt.

1940, zu ihrem 80. Geburtstag, übermittelt die Reichsschrifttumskammer im Namen »aller am deutschen Schrifttum Beteiligten die herzlichsten Glückwünsche«, und die Jubilarin bedankt sich »verbindlichst als ›Ihre ganz ergebene Clara Viebig‹« mit »Heil Hitler«. Einige ihrer alten Freunde sind befremdet. Sie meinen, Clara biedere sich bei den Nazis an.

Die politischen Barrieren sind aus dem Weg geräumt, Clara darf nun publizieren, doch ihr fehlt die Kraft. Um sie anzuregen, schenkt ihr der neue Verleger eine Schiffskarte nach Lateinamerika. Dort soll sie neue Schaffensfreude finden. Im Januar 1937 bricht sie zu der Familie ihres Sohnes nach Brasilien auf. Doch schon nach sechs Wochen kehrt Clara nach Berlin zurück. Mutter und Sohn haben sich entfremdet. Auch das Glück des Wiedersehens mit den Enkelkindern wiegt nicht die Enttäuschung auf. Zwar freut die Mutter, nach ihrer Rückkehr mit der Erledigung von Bestellungen und Aufträgen aus der florierenden Buchhandlung ihres Ernst beschäftigt zu sein, Anteil zu nehmen am Aufbau eines Verlages durch den Sohn. Doch mit dem Beginn des Zweiten Weltkrieges wird der Kontakt jählings unterbrochen. Aus Brasilien kommt kein Brief mehr durch.

Als die Luftangriffe auf Berlin beginnen, flüchtet Clara Viebig, begleitet von ihrer langjährigen Haushälterin, in den schlesischen Ort Mittelwalde, lebt dort, wie sie wissen lässt, in einer »Dreckbude ohnegleichen«, hungert, friert, tauscht zahlreiche Wertsachen gegen Heizmaterial und Lebensmittel ein und fragt sich, wie das Leben weitergehen soll.

Fürsorgliche Belagerung

Als die fünfundachtzigjährige Clara Viebig 1946 mit
Hilfe polnischer Behörden und der sowjetischen Besat-
zungsmacht nach Berlin zurückkehrt, haben die Alliierten die Stadt bereits in vier Sektoren aufgeteilt und die
Russen den von ihnen eingenommenen Vorort Zehlendorf vereinbarungsgemäß den Amerikanern übergeben.
Die alte Dame wird die letzten Jahre ihres Lebens in
einer Stadt verbringen, die in Ost und West geteilt ist,
in »die Hauptstadt der DDR« und die »Insel der freien
Welt«. Sie ist bestimmt von gegensätzlichen Ideologien
und Stadtverwaltungen sowie unterschiedlichen Wäh-
rungen und immer weiter auseinander gerissen durch
den Kalten Krieg. Und zum Erstaunen jener, die sie kennen, sieht es, jedenfalls vorübergehend, so aus, als habe
die alte Frau aus Zehlendorf in einer letzten Lebensvolte
ein Bündnis mit dem »Feind« geschlossen.

Im Vergleich zu Stadtteilen im Osten, in der Mitte,
um den Kurfürstendamm und die zerstörte Gedächtniskirche, die Ruinenfeldern gleichen, sind die Bom-
benschäden in Zehlendorf verhältnismäßig gering.
Gewiss, der Bahnhof ist zerstört, in einigen Straßen haben Geschosse einzelne Gebäude zertrümmert, Stalin-
orgeln Kopfsteinpflaster aufgerissen, Granaten Dächer
und Häuserwände beschädigt. Wer mit seinem Haus
verschont geblieben ist, muss Flüchtlinge oder obdach-

los Gewordene aufnehmen oder sein Zuhause für die Besatzer räumen. Auch in der Königstraße 3 wohnen infolge der angeordneten Wohnraumbewirtschaftung jetzt neun Personen.

Die gebrechliche und inzwischen ziemlich mittellose alte Dame entschließt sich, ihre Villa einem alten Bekannten, einem früheren Bürgermeister aus Hillesheim in der Eifel namens Müller, zu verkaufen. Der räumt ihr sowie ihrer Haushälterin zwei Zimmer ein und erklärt sich bereit, der bisherigen Besitzerin zusammen mit seiner Frau beizustehen, wann immer sie den Beistand braucht. Den Kaufpreis begleicht er in Monatsraten von je hundert Mark, ein Handel, der sich für Herrn Müller lohnt.

Eine andere Art fürsorglicher Belagerung erfährt »die deutsche Zola« aus Ost-Berlin. Ende 1947/48 gründet die SED in der Sowjetischen Besatzungszone eine »Bewegung für Einheit und gerechten Frieden«. Deren Anhänger sollen – so der Sprachgebrauch – die vom »amerikanischen Imperialismus und seinem westdeutschen Verbündeten« beabsichtigte Eingliederung Westdeutschlands in das westliche Bündnissystem mit Hilfe eines Deutschen Volkskongresses verhindern oder doch zumindest erschweren, indem sie ein Volksbegehren zur Frage der deutschen Einheit vorbereiten. Dahinter steht der Wunsch der UdSSR, das sowjetische Einflussgebiet bis an den Rhein auszudehnen und den USA die Hauptschuld an der sich abzeichnenden Spaltung Deutschlands zuzuschreiben.

Kann die SED sowjetische Interessen vertreten und zugleich patriotische Gefühle ansprechen? Das fragen sich Gegner und Skeptiker. Handelt es sich nicht nur um eine kommunistische Propagandakampagne im beginnenden Kalten Krieg?

Die in der Politik noch immer gänzlich unerfahrene Clara Viebig hört nur »Einheit, Frieden und Gerechtigkeit«. Wer könnte gegen solche hehren Werte sein? Außerdem, kein einziger Politiker in Westberlin nimmt Notiz von der einst Berühmten. Die neu gegründete DDR-Regierung hingegen erkennt ihr 1949 einen Ehrensold zu, und ihre Repräsentanten zeigen sich außerordentlich interessiert, eine Persönlichkeit wie sie zur Bundesgenossin zu gewinnen. Also setzt sie ihre Unterschrift unter das ihr vorgelegte Dokument. Der Dank folgt auf dem Fuß. In einem von Wilhelm Pieck und Otto Grotewohl zu ihrem 90. Geburtstag unterschriebenen und in der SED-Presse veröffentlichten Glückwunschschreiben des SED-Parteivorstandes wird die Gefeierte »in eine Reihe mit den besten und größten Epikern« nicht nur in Deutschland, sondern weit darüber hinaus gestellt, in eine Reihe mit jenen Schriftstellern, die, die Sache der Armen und Entrechteten vertretend, ihr ganzes Schaffen den fortschrittlichen Kräften gewidmet haben und nun in dem Bewusstsein leben können, dass das, was ihre Romanfiguren ersehnten, in der DDR verwirklicht wird. Clara Viebig – eine Vorläuferin des sozialistischen Realismus? Sie selbst verteidigt sich gegen die Kritik an ihrer Unterschrift unter den Aufruf des Volkskongresses sogar mit einer notariellen Erklärung: »Als ich das tat (...), war ich in völliger geistiger Frische.«

Wie viele Volten hat diese unpolitische Frau jenseits ihres Werkes in fünf Systemen geschlagen! Als moderne, unangepasste berufstätige junge Frau, die in der Monarchie zur Kriegsbefürworterin und -gegnerin wird, in der Weimarer Republik als literarisch konservative Anstandsdame wirkt, in der NS-Zeit gehindert und dann wiederum angepasst und schließlich, im geteilten Deutschland, weithin vergessen von den einen und von den anderen unwidersprochen hoch geehrt.

Erst ein Jahrhundert nach ihren schriftstellerischen Anfängen, Ende des 20. Jahrhunderts, wird Clara Viebig schließlich auch in Westdeutschland, hauptsächlich in der Eifel-Gegend, neu entdeckt und aufgelegt. In ihrem früheren Erholungsort Bad Bertrich wird eine Clara-Viebig-Gesellschaft gegründet und im Kurpark ein Denkmal für sie aufgestellt.

Kurz nach ihrem 92. Geburtstag, am 31. Juli 1952, stirbt die Schriftstellerin in Zehlendorf. Ihre Urne wird, wie von ihr gewünscht, im Düsseldorfer Ehrengrab des Vaters beigesetzt.

Nichts in Zehlendorf erinnert mehr an ihren Mann, der hier einst zwischen Eibenhecken bestattet worden ist. Sein Grab wurde eingeebnet. Hat Clara nie den Wunsch verspürt, im Tod mit ihrem Fritz vereint zu sein?

Einige Jahre nach dem Tod der Mutter kommt Ernst Viebig in Begleitung seiner inzwischen vierten Partnerin, einer schwarzen Brasilianerin, zurück nach Deutschland und sucht nach der Hinterlassenschaft der Mutter. Die jedoch hat alles, was sie noch besaß, ihren Betreuern, den Müllers, überlassen. Der Sohn geht leer aus. Es gelingt ihm nicht, in Deutschland Fuß zu fassen. 1959 stirbt er.

In sein Elternhaus zieht noch in den fünfziger Jahren eine Burschenschaft, die schlagende Verbindung »Gothia«, ein und schmückt die dunkle Holzvertäfelung mit Mützen, Säbeln und allerlei historischem Klimbim. An den Wänden werden Bilder des früheren Reichskanzlers Stresemann aufgehängt, der in der Verbindung einst zum Fechten antrat, und ein Foto des früheren NS-Gauleiters Bohle, der, vor Winston Churchill stehend, »die haltlosen Anschuldigungen«, so die Unterschrift, »gegen die Auslandsorganisation der NSDAP zurückweist«.

Beim Festkommers singen die Studenten und auch Schüler alle drei Strophen des Deutschlandliedes. »Was erstritten unsere Ahnen«, halten sie »in ihrer Hand« und versprechen: »Dein im Leben, dein im Sterben, ruhmbekränztes Vaterland!« Wofür sterben? Und welcher Ruhm ist da gemeint? Wie einst Max von Schenkendorff in den Befreiungskriegen wollen auch sie »das Wort nicht brechen, nicht Buben werden gleich, woll'n predigen und sprechen vom heil'gen deutschen Reich«. Was ist heilig an der deutschen Bundesrepublik? Wissen die Jüngelchen, Horst Mahler lauschend, der als Ikone des Rechtsradikalismus gilt und über den »Lebenskampf« der Deutschen spricht, wie gefürchtet der bösartige Antisemitismus vieler Korporationen bei den Juden schon in der Zeit des Wilhelminismus war? Haben sie sich davon laut und deutlich distanziert? Sich jemals mit dem Schicksal der früheren Besitzer ihrer Villa, der Familie Cohn, beschäftigt?

Während drinnen Gothianer ihre völkischen Lieder singen und die Säbel wetzen, rinnen an einem der Fenster draußen Tropfen auf den grünen Rasen. Cohn weint.

Kommen Sie, Cohn! Kümmern Sie sich nicht um die da drinnen! Seien Sie uns willkommen! Seien Sie umarmt!

Quellen und Literatur

Als Quellen für den Text dieses Buches wurden Briefe von Friedrich Theodor Cohn und Gustav Kilpper von der Deutschen Verlagsanstalt an den Schriftsteller Arnim T. Wegner und diverse Briefe Clara Viebigs an verschiedene Adressaten aus dem Deutschen Literaturarchiv in Marbach herangezogen.

Zu Clara Viebig finden sich – neben ihren unter dem Titel »Mein Leben« erschienenen autobiographischen Skizzen – ausführliche Internetseiten bei der Clara-Viebig-Gesellschaft. Bei der Schilderung der hier zitierten Romanfiguren wurden die betreffenden Bände der bei Fleischel und später in der Deutschen Verlags-Anstalt erschienenen Romane herangezogen. Einige ihrer Romane werden seit einigen Jahren im Rhein-Mosel-Verlag wieder aufgelegt.

Viele Einzelauskünfte zum Familienleben verdanken die Autorinnen Ernst Viebigs Memoiren, die er in seinen späten Jahren im brasilianischen Exil zu schreiben begann. Seine Tochter Susanne hat sie freundlicherweise zur Verfügung gestellt.

Die Zitate von Fontane entstammen überwiegend der Sammlung von Fontane-Texten, die 2004 unter dem Titel »Wie man in Berlin so lebt. Beobachtungen und Betrachtungen aus der Hauptstadt« erschienen ist.

Die Zitate von Alfred Kerr wurden dem Band »Mein Berlin. Schauplätze einer Metropole« (2004) entnommen.

Zu Armin T. Wegner finden sich Originaldokumente in der von der Kurt Tucholsky Gedenkstätte Schloss Rheinsberg herausgegebenen Schrift »Aber ein anderes Vaterland findet man nicht so leicht«, aber auch auf der ausführlichen Website der Armin T. Wegner Gesellschaft.

Auch Lola Landau, seine Ehefrau, hat den bei weitem größten Teil ihrer 1987 erschienenen Memoiren »Vor dem Vergessen. Meine drei Leben« der Schilderung des Zusammenlebens mit Armin T. Wegner gewidmet.

Literatur

»Aber ein anderes Vaterland findet man nicht so leicht«. Der Schriftsteller und Menschenrechtsaktivist Armin T. Wegner, Kurt Tucholsky Gedenkstätte Schloss Rheinsberg

Elon, Amos, Zu einer anderen Zeit. Porträt der deutsch-jüdischen Epoche 1743–1933, München 2002

Easton, Laird M., Der rote Graf. Harry Graf Kessler und seine Zeit, Stuttgart 2005

Esenwein, Jürgen von, »Ein garstig Lied. Arnim T. Wegners Aufrufe und Sendschreiben«, SWR 2 Wissen, Sendung vom 4. Juli 2003

Familienbilder. Selbstdarstellung im jüdischen Bürgertum. Ein Essay von Inka Bertz. Zeitzeugnisse aus dem Jüdischen Museum Berlin, Köln 2004

Fleischer, Michael, »Kommen Sie, Cohn«. Fontane und die Judenfrage, Berlin 1998

Fontane, Theodor, Wie man in Berlin so lebt. Beobachtungen und Betrachtungen aus der Hauptstadt, Berlin 2004

Geo-Epoche, Nr. 12, Deutschland um 1900, Hamburg 2004

Geo-Epoche Nr. 20, Die Geschichte des Judentums, Hamburg 2005

Gronau, Dietrich, Max Liebermann. Eine Biographie, Frankfurt a. M. 2002

Herwig, Malte, »Dass Hitler scheitern wird, davon bin

ich in tiefer Seele überzeugt«, in: Süddeutsche Zeitung vom 23. Februar 2002

Illustrierte Moderne in Zeitschriften um 1900. Katalog zur Ausstellung der Universitätsbibliothek Freiburg 2005

Jensen, Uffa, »Die Juden sind unser Unglück«, in: Die Zeit, Nr. 25, 2002

Kaplan, Marion (Hrsg.), Geschichte des jüdischen Alltags in Deutschland. Vom 17. Jahrhundert bis 1945, München 2003

Kerr, Alfred, Mein Berlin. Schauplätze einer Metropole, Berlin 2004

Kessler, Harry Graf, Das Tagebuch 1880–1937, Zweiter Band, Stuttgart 2004

Klemperer, Victor, Die deutsche Jüngerin Zolas, in: »Die Stimme« vom 1. August 1948

Landau, Lola, Vor dem Vergessen. Meine drei Leben, Berlin 1987

Mann, Thomas, Tagebücher 1918–1921, Frankfurt a. M. 1979

Meyer, Michael (Hrsg.), Deutsch-jüdische Geschichte in der Neuzeit, Band 3: 1871–1918, München 2000

Michalka, Wolfgang und Vogt, Martin (Hrsg.), Judenemanzipation und Antisemitismus. Deutschland im 19. und 20. Jahrhundert, Eggingen 2003

Michalska, Urszula, Clara Viebig. Versuch einer Monographie, Poznan 1968

Neuhaus, Volker und Durand, Michel (Hrsg.), Die Provinz des Weiblichen. Zum erzählerischen Werk von Clara Viebig, Bern 2004

Nürnberger, Helmuth, Fontanes Welt, Berlin 1997

Schmelzer, Hans-Jürgen, Theodor Fontane, Berliner Köpfe Band 5, Berlin 2004

Thieß, Frank, Cäsar Flaischlen. Ein Essay. Berlin 1914

Viebig, Clara, Mein Leben 1860–1952. Autobiographische Skizzen, Hontheim 2002
Viebig, Clara, Das Weiberdorf, Berlin 1897
Viebig, Clara, Das tägliche Brot, Berlin 1900
Viebig, Clara, Die vor den Toren, Berlin 1910
Viebig, Ernst, Memoiren, unveröffentlichtes Manuskript
Ziegler, Edda, Schriftsteller-Vater und Verleger-Sohn. Theodor Fontane und der Verlag F. Fontane & Co., in: Buchhandelsgeschichte 1997/3. Hrsg. von der Historischen Kommission des Börsenvereins. Herbert G. Göpfert zum 90. Geburtstag, B 134–B 137

Ralph Giordano
Erinnerungen
eines Davongekommenen

Gebunden

Dass er als Sohn einer jüdischen Mutter davonkommen würde, war unwahrscheinlich. Wie er dennoch davonkam, und das immer wieder, darüber legt der Journalist, Fernsehautor und Schriftsteller Ralph Giordano in der Mitte seines neunten Lebensjahrzehnts nun Zeugnis ab – engagiert und kämpferisch wie eh und je.

»Spannende Lebenserinnerungen eines großen Mahners.«
Arno Lustiger, FAZ

»Ein Glück für den Leser: Ralph Giordano hat seine Memoiren geschrieben. Die ›Erinnerungen eines Davongekommenen‹ erzählen von einem so bedrohten wie erfolgreichen Leben in Deutschland und sind literarische Geschichtsschreibung.«
Volker Hage, Der Spiegel

»Giordano blickt zurück auf ein leidvolles und leidenschaftliches Dasein unter Deutschen.« *Dorion Weickmann, Die Zeit*

Kiepenheuer
& Witsch   www.kiwi-verlag.de

Wolfgang Büscher
Berlin–Moskau

Eine Reise zu Fuß

«Dieses Buch hat gute Aussichten, einmal zu den Klassikern der Reiseliteratur zu zählen – noch vor Bruce Chatwins Büchern.» (Südd. Zeitung) «Reiseerfahrungen, die zum Besten gehören, was in den letzten Jahren in deutscher Sprache erschienen ist.» (Der Spiegel) rororo 23677

Reiseliteratur bei rororo:
Der Weg ist das Ziel

Klaus Bednarz
Östlich der Sonne

Vom Baikalsee nach Alaska

Klaus Bednarz ist auf den Spuren der Vorfahren der nordamerikanischen Indianer gereist – mehr als 10 000 Kilometer durch Taiga, Sümpfe und reißende Flüsse. Zu Fuß, per Schiff, Hubschrauber oder Rentierschlitten. rororo 61656

Klaus Bednarz
Am Ende der Welt

Eine Reise durch Feuerland
und Patagonien

Diese Landschaften haben immer wieder Menschen aus aller Welt in ihren Bann gezogen – mit ihrer endlos weiten Pampa, den Fjorden und Kanälen, Gebirgen und schroffen Küsten. rororo 61942

Weitere Informationen in der Rowohlt Revue oder unter www.rororo.de

S24/3

rowohlts monographien

Große Frauen

Elisabeth I.
Herbert Nette
rororo 50311

Frauen um Goethe
Astrid Seele
rororo 50636

Jeanne d'Arc
Herbert Nette
rororo 50253

Frida Kahlo
Linde Salber
rororo 50534

Käthe Kollwitz
Catherine Krahmer
rororo 50294

Rosa Luxemburg
Helmut Hirsch
rororo 50158

Alma Mahler-Werfel
Astrid Seele
rororo 50628

Paula Modersohn-Becker
Charlotte Ueckert
rororo 50567

Marion Dönhoff
Haug von Kuenheim
rororo 50625

Maria Montessori
Helmut Heiland
rororo 50419

Astrid Lindgren
Sybil Gräfin Schönfeldt

rororo 50703

Weitere Informationen in der Rowohlt Revue *oder unter* www.rororo.de

S 80/1

Joachim Fest bei rororo

Im Gegenlicht
Eine italienische Reise
rororo 62295

Die unbeantwortbaren Fragen
*Notizen über Gespräche mit
Albert Speer zwischen Ende
1966 und 1981*
rororo 62159

Horst Janssen
Selbstbildnis von fremder Hand
rororo 61901

Der Untergang
*Hitler und das Ende des Dritten
Reiches. Eine historische Skizze*
rororo 61537

Das Filmbuch
rororo 61923

Großdruck
rororo 33229
Niemals zuvor sind im Untergang
eines Reiches so viele Menschen-
leben vernichtet, so viele Städte
ausgelöscht worden. Joachim Fest
erinnert an ein Geschehen, das
nicht nur politisch-historisch, sondern für ungezählte Mitlebende
vor allem menschlich nichts anderes als ein Weltuntergang war.

Begegnungen
Über nahe und ferne Freunde
Joachim Fest berichtet über Begegnungen mit prominenten Persönlichkeiten, die sein Leben prägten:
von Hannah Arendt bis Golo
Mann, von Ulrike Meinhof bis
Sebastian Haffner. Der intime Blick
des Autors erschließt dem Leser
nicht nur die Personen, sondern
immer auch ein besonderes Stück
deutscher Zeit- und Kulturge-
schichte.

rororo 62082